Frank Wedekind

FRÜHLINGS ERWACHEN

Eine Kindertragödie

Edited by

Hugh Rank, Dr Phil., M.A., F.I.L.
Senior German Master, Charterhouse

HEINEMANN EDUCATIONAL BOOKS
LONDON

Heinemann Educational Books Ltd
22 Bedford Square, London WC1B 3HH

LONDON   EDINBURGH   MELBOURNE   AUCKLAND
HONG KONG   SINGAPORE   KUALA LUMPUR   NEW DELHI
IBADAN   LUSAKA   NAIROBI   JOHANNESBURG
EXETER (NH)   KINGSTON   PORT OF SPAIN

ISBN 0 435 38941 6

Introduction and Notes © Hugh Rank 1976
This edition first published 1976

Reprinted 1979

The cover design is based on the title page of
the first published version of *Frühlings
Erwachen*, Zurich 1891, by the artist Franz
Stuck after an idea by Wedekind.

Typeset in 11/12 pt Monotype Bembo
and Printed in Great Britain by
Richard Clay (The Chaucer Press) Ltd
Bungay, Suffolk

FRÜHLINGS ERWACHEN

Eine Kindertragödie

*Dem vermummten Herrn
der Verfasser*

HEINEMANN GERMAN TEXTS

Bertolt Brecht
Mutter Courage und ihre Kinder

Albert Schweitzer
Leben und Denken

Goethe
Selected Poems

Werner Bergengruen
Der Spanische Rosenstock

Heinrich Harrer
Sieben Jahre in Tibet

Heinrich Böll
Das Brot der frühen Jahre
Im Tal der donnernden Hufe

Siegfried Lenz
Das Wrack and Other Stories

Günter Grass
Katz und Maus
Die Plebejer proben den Aufstand

Franz Kafka
Der Prozess

Thomas Mann
Der Tod in Venedig

Frank Wedekind
Frühlings Erwachen

Contents

List of Abbreviations

G.W.: *Gesammelte Werke.*
G.B.: *Gesammelte Briefe.*
Best: Alan Best, *Frank Wedekind.*
Brecht, *Sch. z. Th.*: Bertolt Brecht, *Schriften zum Theater.*
Brecht, *T.*: Bertolt Brecht, *Tagebücher 1920–1922. Autobiographische Aufzeichnungen 1920–1954.*
Haemmerli-Marti, *F. W. a. d. K.*: Sophie Haemmerli-Marti, 'Frank Wedekind auf der Kantonsschule'.
Hahn: *Werke,* 3 vols., ed. Manfred Hahn.
Halder: Nold Halder, 'Frank Wedekind und der Aargau'.
Irmer: *Der Theaterdichter Frank Wedekind. Werk und Wirkung.*
Kahane: *Tagebuch eines Dramaturgen.*
Kutscher: *Frank Wedekind. Sein Leben und Werk* (3 vols.).
Mann: *Briefe.*
Martens: *Schonungslose Lebenschronik* (2 vols.).
Münsterer: *Erinnerungen und Gespräche mit Bert Brecht. Mit Briefen und Dokumenten.*
Rothe, *F. E.*: 'Frühlings Erwachen. Zum Verhältnis von sexueller und sozialer Emanzipation bei Frank Wedekind'.
Rothe, *F.W.D.*: *Frank Wedekind's Dramen. Jugendstil und Lebensphilosophie.*
Rudinoff, *W. u.d.A.*: 'Wedekind unter den Artisten'.
Seehaus[1]: *Frank Wedekind und das Theater.*
Seehaus[2]: *Frank Wedekind in Selbstzeugnissen und Bilddokumenten.*
Tilly Wedekind: *Lulu: Die Rolle meines Lebens.*
Weinhöppel: *Erinnerungen an Frank Wedekind. Aus dem Nachlaß.*

NOTE: the spelling of the German quotations in the Introduction has been modernized.

References mentioned in abbreviated form in the Introduction and Notes are given in full in the Bibliography.

TO ELLEN

Introduction

Biography

Arthur Kahane, the 'Dramaturg' (play-adviser) of Max Reinhardt, Germany's foremost theatrical producer between the early 1900s and 1933, relates the following story: one day, in 1891, the poet O. E. Hartleben, sitting with his friends in a 'Weinlokal' in Zurich, took out a slim volume from his pocket and began reading to them from „Ein soeben erschienenes Buch, das ihr alle noch nicht kennt und das trotzdem viel besser ist als das ganze Zeug, das jetzt geschrieben wird . . ." The book was *Frühlings Erwachen*. He read the 'Professorenszene' and the 'Begräbnisszene'. „Darauf zog ein zweiter aus dem Kreise ein Buch hervor, und es war dasselbe Buch, das er zufällig bei sich trug, und er las die Heubodenszene. Und dann holte ich als dritter ein Buch hervor, und es war wieder dasselbe, und ich las den Monolog des Hänschen Rilow. Und dann stellte es sich heraus, daß alle ,Frühlings Erwachen' kannten und es für das schönste Buch der Generation erklärten . . ." (Kahane, p. 112).[1]

The author's grandparents spent the major part of their lives on an East Friesian island where the grandfather practised law. Wedekind's father studied medicine, first at the University of Göttingen, and qualified, in 1839, at the University of Würzburg. In 1843 he took up a medical post in Turkey and joined an expedition which took him as far as the Euphrates and Tigris and then eventually to Paris, where he stayed for several months before returning home in 1847. With the resurgence of princely power after the abortive revolution of 1848 he,

---

[1] In the summer of 1891 the conductor Richard Weinhöppel visited Wedekind in Paris, shortly after Wedekind had completed *Frühlings Erwachen*. He was probably the first person to become acquainted with the play and this was his reaction when the author read it to him: „. . . Ohne Pause las er zu Ende. Ich lag wie gelähmt und schwieg. Wedekind wartete eine kleine Weile. Dann brachte er verlegen hervor: ,Es hat Sie gelangweilt!' Da sprang ich auf, drückte ihm beide Hände und heulte wie ein Schloßhund . . ." (Weinhöppel).

an ardent left-wing liberal, decided in 1849 to emigrate to San Francisco. He soon established a medical practice there and later became President of the German Club. It was in San Francisco that he met Emilie Kammerer whom he married in 1862. She was a remarkable woman from a prosperous Zurich family. Unhappy at home, at the age of sixteen she had followed her sister Sophie to Valparaiso in Chile. Sophie's marriage broke up and the two women, now impoverished, toured Latin America, giving operatic recitals. When Sophie died at the age of twenty-four, Emilie made her way to San Francisco where she eventually married an elderly German singer who kept a hotel and whom she later divorced. At the age of twenty she became ill from exhaustion caused by overwork and was treated by Dr Wedekind. They married and their first son, Armin, was born in Oakland in 1863. However, both felt lonely abroad and returned to Germany where they settled in Hanover.

The second son was born on 24 July 1864. As an expression of their gratitude to America and of their democratic sentiments they named him Benjamin Franklin; and 'Franklin', the American, he remained in the eyes of his teachers and school friends throughout his school days, particularly as his father had acquired American nationality and had published a political brochure in 1868 ,,geschrieben von Dr F. W. W., Bürger der Vereinigten Staaten".

Four more children were born to the couple: William Lincoln (1866), Frieda Marianne Erika (1868), Donald Lenzelin (1871) and Emilie (1876), the youngest, in Switzerland. After his return from America Dr Wedekind retired from medical practice and devoted himself mainly to politics. In 1871 he had fervently hoped for the democratization of Germany which, however, did not materialize. A bitterly disappointed man, he seized the opportunity to settle at Aarau in Switzerland, where in 1872 he acquired Schloss Lenzburg.

It was here, in this little town of less than two thousand inhabitants, in the midst of the most enchanting scenery, that Franklin Wedekind grew up. Here he attended the 'Kantonsschule' whose 'Paradepferd' and ,,bewunderte, umschwärmte, geliebte, manchmal auch heimlich verachtete und gefürchtete Mittelpunkt" he became (Halder).. And indeed, a most likeable boy emerges from his correspondence: sunny, natural, curious, uninhibited, very intelligent; he explored the countryside with delight and was the life and soul of his school literary societies. Although he was, at best, an indifferent scholar, his relationship with his teachers was a happy one and any punishment meted out was accepted by him without real bitterness: during twelve hours of confinement in the 'Karzer' (school prison) ,,mit dem Bierhumpen in der

Linken und dem Tintenstift in der Rechten . . ." he thundered good-naturedly against authority:

> Ihr Ungeheuer der freien Natur
> Sagt an, wie könnt ihr es wagen,
> Die edele menschliche Kreatur
> In solche Fesseln zu schlagen? [etc.]
>> Aufgesetzt im Kerker 2. X. 79 3 Uhr morgens
>> von Franklin Wedekind

(*Aarauer Neujahrsblätter 1942*). In fact, these few immature lines, written at the age of fifteen, contain the essence of his entire *œuvre*.

In his letters to school friends, both male and female, he wrote with effusion on love, death, egotism, philosophy, religion, school, literature, drinking, etc. Often common sense goes hand in hand with humour, as for instance in this passage on a friend's histrionic description of his anguish when he tried to quell his love for a girl:

> Ich begriff nun nicht ganz recht, wie man gegen seine Liebe kämpfen kann, da sie doch eigentlich nicht aus eigenem Willen entspringt, sondern mehr passiver Natur, eben eine *Leiden*schaft ist, und eine geliebte Person kann einem doch unmöglich durch einen plötzlichen Entschluß gleichgültig werden. Nicht wahr, lieber Alter . . .
>> (To Adolph Vögtlin, June 1881)

He sums up the intensity of his emotions in a letter to the same friend, a month later: „. . . Ich kann nur in einem Grade lieben, und zwar im Superlativ." He revealed also the all-embracing nature of his love when he adds: „. . . Das mir über alles andere wertvolle [sic] wird von mir geliebt und, obschon sich mehrere Objekte in diese Liebe teilen mögen, so kann ich doch nicht das eine mehr oder minder lieben als das andere . . ." His love is pure and unalloyed as far as the whole of creation is concerned: „. . . Ich wenigstens kenne keinen Unterschied zwischen der Liebe unter gleichen und derjenigen unter verschiedenen Geschlechtern, als den, daß letzterer Liebe noch der körperliche Geschlechtstrieb zu Hilfe kommt . . ." The discovery he was soon to make that sexual feelings are not necessarily heterosexual did not undermine his fundamental belief in the overriding and indivisible power of Eros, a point illustrated by the love between Hänschen Rilow and Ernst Röbel (*Frühlings Erwachen* III.6).

Three interwoven strands in his mental outlook at the time are of considerable importance for the understanding of Wedekind, the man and the writer; his pessimism, his ambivalent attitude towards religion, and the cerebral nature of his emotions.

He became acquainted with the pessimistic philosophy of Eduard von Hartmann (1842–1906) through the influence of a friend of the family, the 'philosophische Tante' Olga Plümacher, an ardent disciple of von Hartmann. His interest remained, however, on a superficial level. A sentence like „Meines Erachtens kann nur ein Pessimist wahrhaft glücklich sein, da er doch alle Hoffnung und alles ängstliche Hangen und Bangen verlernt hat" (to Vögtlin, August 1881) is counterbalanced by such sentiments as „Wer sein Leben hinbringt im Wechsel von freudiger Arbeit und Genuß, der wird nicht mehr fragen, wie und wo ein Paradies, eine Seligkeit zu finden sei" (from a school essay, quoted by Kutscher I, p. 52). Philosophical pessimism was not really his *métier*. Yet connected with it he gave much thought to the question of egotism only to arrive at conclusions very different from those of von Hartmann. The most succinct summing up of his thoughts on the subject is contained in his letter to A. Vögtlin of August 1881 in which he relates an event, experienced in Hanover at the age of seven. He had been watching a man putting a coin into an offertory-box. A passer-by had remarked: „Der will auch ein Geschäft mit unserm Herrgott machen." Wedekind never forgot this incident which was the source of his growing conviction „daß der Mensch nichts tue ohne angemessene Belohnung, *daß er keine andere Liebe kennt, als Egoismus*" (Wedekind's italics). The feeling that a satisfied conscience gives us is the greatest award a man can attain. However, there are people who have never developed a conscience and who therefore never enjoy that reward. Therefore, they derive no satisfaction from actions which others find beneficial. It is for this reason that they fail to act from such impulses as generosity or sympathy. They are not to be blamed or despised for this. There is as little de-merit in their actions as there is merit in being generous or sensitive, etc. The great majority of us aim at satisfying our consciences rather than acting from the motivation of altruism. This explains why sexual desire ('Geschlechtsliebe') and friendship in particular are essentially expressions of egotism. The motivating cause of action is egotism. So called 'Opferfreudigkeit' – the joyful willingness to make sacrifices – does not truly exist. It is nothing but a manifestation of our desire to satisfy our conscience, our ego: „Wenn aber der Mensch ein Leiden spürt, so ist sein erster Gedanke, dasselbe zu beseitigen, weil er sich selbst liebt" (to Vögtlin, September 1881).

These thoughts had been germinating in his mind for at least nine or ten years before he set them down in close verbal proximity to the formulations he had used in these letters to his friend; merely accentuating both his charge of hypocrisy against society and his humanitarian sentiments for the innocent victims of society (*Frühlings Erwachen* I.5).

Concerning religion, the aforementioned 'Grunderlebnis' had turned him into an 'ungläubiger Skeptiker' and 'schon längst Atheist' (to Vögtlin, August and September 1881). This does not mean that he ignored the subject. On the contrary, he was greatly interested in religious questions, to the extent of choosing Hebrew as his optional subject at school. Nevertheless, some of his utterances are quite inconsistent with those of an atheist: „Was Gott dem Menschen, ist der Mensch dem Hunde. Dieser läßt sich von ihm schlagen, mißhandeln, liebkosen, und hängt dabei immer mit gleicher Ehrfurcht, gleicher Liebe, unwandelbarer Treue an seinem Herrn . . ." (to Anny Barte, February 1884); or the strange variation on the Lord's prayer: „Lieber Papa, der Du bist auf Deinem Studierzimmer! Geheiligt werde Dein Name! . . ." (ibid.). Considering that his relationship with his father was at times exceedingly bad and that, at the time of writing this letter, he deluded him into believing that he was studying law while trifling with a variety of other subjects and considering further that a few years later he led a most dissolute life in Paris, one wonders what he had in mind with regard to this 'Gebet' when he declared: 'Es ist ein heiliger Ernst darin'.

Wedekind has been frequently criticized and attacked for the unbridled passion which pervades many of his plays and for the vehemence of his onslaught on the bourgeoisie. Both grounds for criticism and hostility stand in need of qualification. Contrary to appearances, he was aware that his passion was more contrived than authentic. Otherwise he would not have confessed: „Aber offen gestanden, ich liebe die brausende, zügellose Leidenschaft, die Tumulte des Herzens, über alles, vielleicht gerade darum, weil sie mir am meisten abgehen" (to Vögtlin, August 1881). It is strange to think that so much of the fire which sweeps through his work is the product of cerebral effort. Would it be going too far to suspect that here lies the key to his personality?

It is revealing that the paradox of his personality is exposed also on the social level. Wedekind was the great 'Bürgerschreck', widely feared for the ferocity of his attacks on the prevalent middle-class values in his plays, verse, journalism and in his cabaret performances. Many of his friends knew better, as did Holitscher, who wrote: „ . . . aber im Grunde war er nichts weniger als ein Verächter der bürgerlichen Lebensideale – er fühlte sich vielmehr als ein Ausgestoßener, sehnte sich nach Ordnung, Schönheit und Anerkennung durch die bürgerliche Welt . . . ein verbitterter Bürger, etwa der letzte Ritter der

Bourgeoisie . . ." (p. 185). Or the circus artist Willy Rudinoff whom Wedekind adored and whose 'lieber Freund' Wedekind was: „Wedekind wäre gern ein kühner Abenteurer gewesen . . . Ach, du lieber Gott! Hierzu fehlte ihm rein alles! Kraft, Schönheit, Vitalität, Lebensgewandtheit, gesundes Denken und nicht zuletzt jeder Mut! Am besten hätte er sich noch zu einem Gymnasialprofessor geeignet . . . (man kann) Wedekind vielleicht als einen ewigen Gymnasiasten ansprechen, . . . der halb unter dem Tisch, halb auf seinen Knien die Novellen des Boccaccio liegen hat . . ." (p. 806).

However, we do not have to rely on friends and witnesses. We have Wedekind's own testimony to impress on us where his social sympathies lay. During his first sojourn in Paris in 1892 the intensity of his search for a brilliant social horizon was in inverse ratio to his pecuniary position: „Ich laufe tatsächlich auf bloßen Socken in Paris herum . . . Gestern habe ich schon sparenshalber nicht zu Mittag gegessen, kam dann abends halb ohnmächtig ins Café und zerschlug ein Glas . . ." (to Armin Wedekind, 4 January 1892). The tone of his letter of 21 January to his mother in which he describes a champagne dinner in the house of a prominent champagne producer, course by course, clearly indicates how satisfied he felt in the higher ranks of the bourgeoisie. He made the acquaintance of two American young ladies „die einmal in der Woche die Blüte der Union um sich versammeln. Sie entstammen beide den höchsten Gesellschaftskreisen Bostons . . ." (to Armin Wedekind, 14 March 1892); and social elevation would seem to be an important additional qualification for a possible translator of *Frühlings Erwachen*: „Eine Dame aus der höchsten Pariser Gesellschaft hat mich um die Autorisation gebeten, es übersetzen zu dürfen . . ." (to his mother, 7 January 1893).

Yet the same snobbish anti-bourgeois was also an anti-antisemite – and that in Paris at the time of the Dreyfus affair. About an acquaintance who indulged in antisemitic remarks, he wrote: „. . . er ekelt mich . . . an. Ich sage ihm, ein anständiger Mensch sei kein Antisemit und ein Antisemit kein anständiger Mensch . . ." ('Pariser Tagebuch', December 1892: Hahn III, p. 287) – a very unusual attitude on the part of a German moving in circles among whom 'social antisemitism' was the accepted norm. The same social climber was an advocate of the abolition of capital punishment (*G.W.* IX, p. 382 f.). The same bellicose social reformer and anti-socialist was also an early champion of a 'Weltparlament': „. . . eine Neuschöpfung . . . die . . . doch mit aller Bestimmtheit einmal kommen muß, die gar nicht zu früh kommen kann". It was to be a Court of Peace ('Friedenskongress') in permanent session in charge of the world's military arsenal and which would make the whole apparatus of diplomacy (legations, embassies, etc.) as obsolete as they deserved to be at that period of time ('Weihnachtsgedanken', 1912: *G.W.* IX, p. 406 f.).

To try to fathom such an extraordinarily complex character – an anti-bourgeois bourgeois; a timid adventurer; an atheistic deist; outrageous in his writings, yet highly conventional in his personal relationships; preaching a new morality of the instincts, yet so meticulous in the arrangement of his life as to arouse the astonishment of his friends – to fathom the depths of such a personality presents a hazardous task. The answer to the enigma may lie in the sharply contrasting characters of his austere northern father as compared with his artistically inclined southern mother (a conjunction which evokes comparison with the parents of Thomas and Heinrich Mann). It can partly be ascribed to the fact that his father was twenty-four years older than his mother, which undoubtedly heightened their incompatibility. Their serious dissensions cast a deep shadow over Wedekind's life. He himself referred to his position as an outsider in this cry from the heart: „Ist es verwunderlich, wenn ein Mensch, aus dem haarsträubendsten unmenschlichsten Zusammenleben hervorgegangen, nicht in die alltäglichen Normen paßt?" (to his mother, 8 February 1890).

At Schloss Lenzburg Dr Wedekind devoted himself to his estate and to his various collections (miniatures, water-colours, coins, etc.) which he had brought back from his distant journeys. Gradually he became an eccentric and a recluse, even as far as his own family was concerned. He seldom left his rooms, merely stamping his foot to demand attention. He died in 1888, aged seventy-two, when Wedekind was twenty-four. He did not live to witness the future fame of his son or of his daughter, Erika, who was to become a singer with a European reputation, touring the Continent and also giving concerts in London.

In 1884 Wedekind had moved to Munich to study law, complying with his father's wish. However, not surprisingly, what appealed to him most was the rich cultural life of Munich – its concerts, its art galleries, its opera and above all the theatre. The few lectures he attended at the University were those on literature and art rather than on law. During the whirl of these Munich days he extricated himself from his first real love affair at Aarau with the 'erotische Tante', a married woman, mother of one of his school girl friends, and devoted himself seriously to writing. He could now no longer withhold the truth from his father and had to admit his deception with regard to the neglect of his law studies. In the meantime, he had been working for the advertising department of the firm of Maggi (soup cubes), very poorly paid on a piece-work rate, and felt his humiliating position acutely. (Recently 150 advertising texts, devised by Wedekind, were discovered at Maggi's. Some have been published in *Die Weltwoche* (cf. Bibliography: Rüedi); others in *Der kühne Heinrich. Almanach auf das Jahr 1976*, ed. Dieter Bachmann *et al.*, published in Zurich.) It was due to this that he felt compelled to approach his father for financial assistance. Greatly angered, his father insisted that his son should become responsible for his own financial affairs. These differences between father and son culminated, in the autumn of 1886, in an outrageous scene during which Wedekind struck his father. This terrible deed weighed heavily on him for many years. The complete rift between the two lasted for seven months until, in September 1887, Wedekind wrote two letters of abject apology („Deine unendliche Güte . . . Verbrechen . . . der Unwürdigste . . .“), craving his forgiveness. Later a compromise was arranged.

The publication of his two essays *Der Witz und seine Sippe* and *Zirkusgedanken* in the prestigious *Neue Zürcher Zeitung* in May and June 1887 improved Wedekind's morale but not his economic circumstances. *Zirkusgedanken* is not only a panegyric of the circus, a form of entertainment which he adored, but also a penetrating analysis, couched in allegoric terms, of the essence of Naturalism (then called 'Realismus'). The general effect of the circus on a visitor was, Wedekind declared, one of intoxication. The circus is representative of life in the round, in all its aspects and thrills: „. . . das maßgebende Prinzip der Manege ist Elastizität . . .“ Without elasticity we are bound to collapse after any fall that we suffer. Elasticity is vital. He then goes on to liken the trapeze artist to the Naturalist writer, the trapeze artist resting on relatively firm foundations, relying with confidence on the hooks which secure her 'stabiles Gleichgewicht'; similarly, the Naturalist writer has his firm point of support above him, continues his 'gemessene Tanz' and is able to survey from on high the human frailty and misery beneath him. His is an 'Abstrakt-erhabener Idealismus' for which, according to Wedekind, there is no room „im Zeitalter des Dampfes und der Elektrizität“. Quite different is the tightrope walker who confines her art to 'ihrem überaus geschickten Balancieren' *per se*, and to the much narrower area of 'die zierlichen Gaukeleien und Kraftübungen'. In her 'labilem Gleichgewicht' she is in immediate danger of crashing to the ground at any moment. It is her 'real-praktischer Idealismus' which attracted Wedekind and with which he associated himself.

In May 1889, in order to be at the centre of German artistic life, Wedekind moved back to Berlin. As he could not supply the original document proving his nationality he had to leave Berlin and, in July, he moved to Munich where he started work on *Frühlings Erwachen*.* In December 1891 he fulfilled a long cherished ambition by going to Paris where he plunged into the pleasures of the throbbing metropolis whose boulevards, theatres, circuses and social life enchanted him. Almost every letter to his family was a begging letter as he was still waiting to receive his inheritance. In spite of being in dire straits he would not have foregone the experience of Paris for anything in the world („Ich fühle mich wie im siebenten Himmel": Kutscher I, p. 264). The beauty of the cocottes, their natural grace delighted him. From his Paris diaries (Hahn III, p. 281 ff.) we learn that he immersed himself in Parisian night life, often not returning home until 4 a.m., then reading until 7 o'clock and getting up at lunchtime. When, in September 1892, one of his best friends, the composer Richard Weinhöppel, left Paris for New Orleans, Wedekind became very lonely and depressed. However, a reunion with Willy Rudinoff, a close friend from his Munich days, gave him immense joy. His relationship with Rudinoff, alias Willy Morgenstern, was a special one, based on great admiration. Rudinoff was indeed an extraordinary character: a circus performer, actor, trained opera singer, a consummate artist whose works were exhibited in Dresden, Vienna, Rome and London; Rudinoff was in contact with the Prince of Wales, later King Edward VII; he had sailed to all five continents and could settle nowhere. Here was a man who yielded to his instincts like no one else in Wedekind's circle of friends and actually lived the kind of life that Wedekind created only in his imagination.

Wedekind had been planning to visit London and arrived there in January 1894. His stay was not a success. He dutifully toured the sights but remained a stranger to the English mentality and felt ill at ease. Kutscher quotes from one of Wedekind's 'Notizbücher': „Kann die Engländerin lieben? – Man behauptet es. Sicher ist, daß sie nicht gebären kann. Sie hat keine Hüften. Es ist ihr schlechterdings unmöglich, einem Menschen das Leben zu geben. Im besten Fall kommt ein Engländer zur Welt. Ist die Engländerin tugendhaft? – Die der Engländerin eigentümliche Tugend ist diejenige, zu der sie einen bekehrt. Es gibt wohl kaum ein zivilisiertes Volk, bei dem die Frau so wenig Beachtung findet, so wenig zur Geltung kommt, wie in England.

* It is Kutscher who quotes Wedekind to this effect (I, p. 149). However, according to a much later account, Wedekind had started writing the play in Zurich. In 1917, when he was mortally ill, he confided to an acquaintance: „Ich wohne wieder in derselben Wohnung, in der ich *Frühlings Erwachen* geschrieben habe. Der Kreis hat sich geschlossen. Ich werde noch in diesem Jahre sterben" (Tilly Wedekind, p. 182). He died in March of the following year.

Demgemäß sucht sie sich natürlich zu emanzipieren. Das ist der nämliche Trick, wie wenn sich jemand, um höher zu kommen, am Dachbalken seines Hauses aufhängt. *Noli me tangere*" (Kutscher I, p. 276). And he did not mince his words in a letter to his brother Armin (14 February 1894): „. . . Ich habe noch kein abgeschmackteres Buxtehude gesehen als dieses London. Ich büße hier alles, was ich je gesündigt habe. Abends um 12 wird man polizeilich zu Bett geschickt. Am Sonntag bleibt man dem Wahnsinn überantwortet. Dabei keine Schönheit, kein Geschmack, kein Glanz, keine Freude, keine Sonne. Und bei alledem fühlt man sich unausstehlich wohl, in dem erhabenen Phlegma, wie ein Schwein unter Schweinen . . ." And in April he finds „das Leben hier immer noch unausstehlich, . . ." (cf. 'Middlesex Musikhall' [*sic*] in *G.W.* IX, p. 337 ff.). He hardly knew anyone in London and made no significant literary or social contacts, except with Georg Brandes, the influential Danish critic who remained very sympathetic to Wedekind's work.

When he returned to Munich he completed two of his most important plays: *Erdgeist* (published in 1895) and *Die Büchse der Pandora* (published in 1902). They are linked by the character of Lulu and are best known as the 'Lulu Tragödie'. *Erdgeist* was first performed in Leipzig in 1898, the first play of Wedekind's to be staged. *Die Büchse der Pandora* was first performed in Nuremberg in 1904. It had a particularly rough passage with the censor and was very rarely played during Wedekind's lifetime.

The Lulu tragedy again deals essentially with the question of a natural existence within our society. In *Erdgeist*, Lulu, the embodiment of a new type of *femme fatale*, is the centre of a 'Schauertragödie' which Wedekind had been planning since June 1892. The inspiration of the play was the mass murderer Jack the Ripper. The story is wild and complex; the theme, the power of the sexual urge. Lulu, a myth created by Wedekind, is the „Personifikation des weiblichen Geschlechtstriebes, der im Zentrum des Lebens steht, Geist der Erde, der herabzieht, ein vernichtender Dämon" (Kutscher I, p. 363). The destruction which she brings about among men is borne of amorality, not of immorality. She follows only her natural instincts: „Ich tue meine Schuldigkeit." Lulu is neither good nor evil but naïve and is the unwitting cause of men's downfall. She is „Das *wahre* Tier, das *wilde, schöne* Tier" (Prologue to *Erdgeist*: Wedekind's italics) who is destroyed when she encounters Jack, her male counterpart. Jack resembles her in his overpowering instinct to fulfil his egotism: he can only possess her completely by destroying her. No mere outline can do justice to this weird, influential play which deserves close study. The Austrian composer Alban Berg based his (unfinished) opera *Lulu* on Wedekind's text.

So far all Wedekind's hopes to launch one or other of his plays had been disappointed. In 1895 in Zurich he scraped a living by reciting scenes from Ibsen's *Ghosts*. In the meantime, Albert Langen, whose acquaintance he had made in Paris, had founded his publishing firm in Munich. It included the satirical periodical *Simplicissimus* to which Wedekind soon became an outstanding contributor. However, friction developed over financial matters, Wedekind suspecting Langen of exploiting him and neglecting the promotion of his books. *Simplicissimus* soon became a most successful venture; a number of confiscations contributed to its notoriety and greatly increased its sales. In spite of the prominence which Wedekind had achieved in this connection, he was bitterly disappointed that there was still no stage production of any of his plays.

However, in October 1897 his luck turned at last: his friend Kurt Martens invited him to Leipzig to give a recital at the 'Literarische Gesellschaft'. This led to a production of *Erdgeist* the following February. The performance by the ensemble of the 'Literarische Gesellschaft' was sponsored by the trade union movement and by workers' educational circles who saw the play „als einen sozialistischen Protest gegen das verrottete Bürgertum und die Lulu selbst als geißelschwingende Proletarierin . . ." (Kurt Martens, quoted in Seehaus[2], p. 79). Such an interpretation could not have been further from the author's mind, but he did not object. He would have accepted anyone's sponsorship and any interpretation at that time in order to see the play performed. The actors faced the text with incomprehension and were at a complete loss with regard to a new style of acting which the play demanded. The producer, Dr Carl Heine, persuaded Wedekind to play the part of Dr Schön in order to initiate the actors in his approach. The remarkably favourable notices in Leipzig paved the way, after a tour of the play, for a production in Munich in October of the same year. It was a complete failure. ('Geheul, Gejohl': to Beate Heine, 12 November 1898.)

The evening of the première of *Erdgeist* in Munich also proved dramatic for Wedekind in another respect: information reached him that his arrest was imminent in connection with two of his poems, published in *Simplicissimus* under the pseudonym of Hieronymus Jobs ('Meerfahrt' and 'Im Heiligen Land': G.W. VIII, pp. 119 and 122). The poems were satires on the Emperor's journey to the Holy Land and had aroused the wrath of the authorities. The identity of their author was well known in spite of the pseudonym. Moreover, during a search a manuscript written in Wedekind's own hand was found in the office of the publishers and it was discreetly suggested that he should leave Germany. To avoid arrest he fled to Zurich the same night, all his hopes for recognition as a dramatist shattered. He felt the more embittered as he had regarded his work for *Simplicissimus* as mere hack-work.

It was in Zurich that he began writing a new play, later to become one of his most famous: *Der Marquis von Keith*. The Marquis is based on Wedekind's Danish friend Willy Grétor whom he had met in 1894. Grétor was one of those larger-than-life figures for whom Wedekind had an inordinate admiration: he appeared to be immensely wealthy but no one knew the source of his wealth. Extremely well connected, he was a sculptor, art dealer, art forger, adventurer and confidence-trickster. He was, however, extremely generous to Wedekind, who became his 'secretary' for a few months. Grétor's *élan*, egotism, desire for wealth and recognition became outstanding features of the Marquis who is occupied with the idea of building a huge art centre for all the arts ('Feenpalast') to be financed by Munich philistines, his main concern being the making of vast profits („Es gibt keine Ideen, seien sie sozialer, wissenschaftlicher oder künstlerischer Art, die irgend etwas anderes als Hab und Gut zum Gegenstand hätten"). Money will buy him the „allerergiebigsten Lebensgenuß als mein rechtmäßiges Erbe". His venture fails but, far from desperate, he bounces back: when his shady dealings are discovered he knows that life has its ups and downs and that he will soon swing upwards again: „Das Leben ist eine Rutschbahn". His friend, Graf Trautenau, who, disillusioned by a life of luxury, turns away from idleness and irresponsibility, assumes the name of Ernst Scholz to hide his past identity and searches for a life of 'Lebensgenuß' based on morality; but realizing that he has no talent for happiness he comes to the conclusion that he should volunteer to be certified as mad. The Marquis and Ernst Scholz are another representation of Wedekind's own dualism, as are also Melchior Gabor and Moritz Stiefel in *Frühlings Erwachen*. Modern critics would certainly bear out Wedekind's own high regard for *Der Marquis von Keith*. Indeed, Wedekind himself rated it as „. . . . mein künstlerisch reifstes und geistig gehaltvollstes Stück . . ." (*G.W.* IX, p. 429).

Wedekind returned to Germany after about eight months (in June 1899), handing himself over to the authorities in connection with his prosecution for *lèse majesté*. He spent six weeks in prison pending his court case and was then sentenced to seven months' imprisonment which was mitigated to 'Festungshaft', i.e. he spent six months of his sentence, in considerable comfort, in the Festung Königstein near Leipzig where he put the finishing touches to *Der Marquis von Keith*.

Another important aspect of Wedekind's activities is his association with the 'Brettl' or 'Kleinkunstbühne', i.e. literary cabaret. It first sprang up in France where he had greatly enjoyed this form of sophisticated entertainment and he now acted as its propagandist in Germany. In his edition of *Deutsche Chansons* (1900), the editor, O. J. Bierbaum, had declared: „. . . es müßte jetzt das ganze Leben mit Kunst durchsetzt werden . . . Gedichte, die nicht bloß im stillen Kämmerlein gelesen, sondern vor einer erheiterungslustigen Menge gesungen werden mögen . . . Angewandte Lyrik – da haben Sie unser Schlagwort" (Kutscher I, p. 80). In April 1901 the 'Elf Scharfrichter' cabaret opened in Munich. It was an immediate success and continued to flourish for about two years. Wedekind, who accompanied himself on the guitar, sang many of his own songs (he was also a prolific writer of satirical verse) and was one of the main attractions of the ensemble. He disliked appearing there but continued to do so mainly for financial reasons and in the hope that his great popularity in the cabaret would promote the performance of his plays. The 'Elf Scharfrichter' is still remembered with great respect and has become the point of departure for a new art form in miniature which has influenced the world of entertainment to our own day.

With his play *Hidalla oder Sein und Haben* (1905) Wedekind at last achieved public recognition and financial success. Prominent themes in the play, influenced by the philosopher Friedrich Nietzsche, are racial eugenics and the relationship between physical and moral beauty. So successful was it that there even were 'Hidalla dresses' in the shops; to which Thomas Mann wryly referred in a letter to Kurt Martens: „Und wie findest Du's, daß die Firma Gerson in Berlin ein sehr elegantes Kostüm für 75 Mark ,Costume Fiorenza' [after Thomas Mann's play *Fiorenza*] getauft hat? Ein anderes heißt ,Hidalla'. Aber es ist viel billiger" (*Briefe*, p. 59).

Erdgeist, Der Kammersänger (1897) and now *Hidalla* were widely performed. In 1906, *Frühlings Erwachen* was a triumph. Wedekind was now, with Gerhart Hauptmann, the leading German dramatist. He had reached the pinnacle of his career. Yet it appears that he needed excitement and challenge rather than general recognition in order to thrive as a playwright for none of his plays written after 1905 has had much impact.

In 1905, Karl Kraus, the great Austrian satirist and editor of the periodical *Die Fackel* ('The Torch'), an admirer of Wedekind's works, had arranged a performance of *Die Büchse der Pandora* for an invited audience in Vienna. It was there that Wedekind met a young actress, Tilly Newes, who played the part of Lulu (Wedekind himself played the part of Jack the Ripper). He was delighted with her interpretation and fell in love with her. The forty-year-old author and nineteen-year-old Tilly married the following year. It was a stormy marriage, partly owing to their difference in age and Wedekind's extreme jealousy, partly because of his inability to acknowledge the individuality of his wife and her own artistic success when his own powers began to ebb. The great love which the couple had for each other and the birth of two daughters, Pamela and Kadidja, could not prevent intense unhappiness at times. At one point, in 1917, Tilly even tried to take her own life. Her lively memoirs (*Lulu: Die Rolle meines Lebens*), published in 1969, throw much light on their relationship.

In September 1914 Wedekind fell ill with appendicitis. In the course of the next few years he was repeatedly operated on, as the scar refused to heal. Although his strength was waning and he felt the approach of death he bore his suffering with great dignity. (The actress Elisabeth Bergner who played the part of Effie opposite him at the première of *Schloß Wetterstein* in Zurich in November 1917, a few months before his demise, told me she had remained quite unaware of his illness: interview in London, autumn 1974.) Towards the end Tilly Wedekind and one of Wedekind's specialist doctors suspected cancer. This remains unconfirmed. Tilly also believed the illness to be of psychosomatic origin, connected with Wedekind's 'lebenslänglichen, panischen Angst'. (Tilly Wedekind, p. 163 ff.) He died, aged fifty-four, on 9 March 1918, and is buried in Munich. His funeral was as turbulent and bizarre as much of his life had been. When the service ended the long train of mourners – consisting of not only relatives, friends, the whole of artistic and intellectual Munich but also some ladies of dubious reputation – the long train broke and everybody began to run towards the open grave to obtain a good view:

Aus dem Gefolge aber löste sich eine wirre Gestalt, suchte Bilder zu stellen, sprach von Filmen und davon, daß er am nächsten Tag bei Frau Tilly Wedekind uns alle versammeln werde, denn er sei jetzt Kinoregisseur und wolle Wedekind durch eine Verfilmung aller seiner trauernden Freunde ein unvergängliches Denkmal setzen. Das war Heinrich Lautensack, der feine, begabte Dichter und Mitbegründer der Elf Scharfrichter. Ich suchte den aufgeregten Freund zu beruhigen und zog ihn zur Seite, während August Weigert vor der offenen Gruft stand und meine Gedächtnisverse für Frank Wedekind sprach. Aber in demselben Augenblick, in dem er schloß, riß sich Lautensack von meiner Hand, stürzte am Grabe nieder und rief zum Sarge hinab: 'Frank Wedekind! Dein letzter Schüler – Lautensack!' Der Wahnsinn war ausgebrochen. Es war die erschütterndste Szene, die ich erlebt habe. Mir brachen die Tränen hervor, daß ich gestützt werden mußte.

(Erich Mühsam, *Namen und Menschen*, p. 228)

Among the mourners at the funeral was the twenty-year-old Bert Brecht whose early plays and songs show the strong imprint of Wedekind's influence and whose successor as the most original German dramatist he was to become. But that is another story.*

Frühlings Erwachen

Wedekind wrote *Frühlings Erwachen. Eine Kindertragödie* between the autumn of 1890 and Easter 1891. He dedicated it 'Dem Vermummten Herrn'. The indications are that he was very sure of his intentions during the creation of this early play for the first forty-three of his seventy-five 'Notizbücher' (as yet unpublished) contain no mention of it (information obtained from the 'Städtische Bibliotheken', Munich). The first three scenes were written without an overall plan, but the background material „setzte sich aus persönlichen Erlebnissen und Erlebnissen meiner Schulkameraden zusammen. Fast jede Szene entspricht einem wirklichen Vorgang" (*G.W.* IX, p. 424). Contrary to his practice in his subsequent plays, Wedekind made virtually no changes in later editions, except for the second edition and the 'Bühnenfassung' (stage version) of 1912 (see below). While he was inclined to 'preach', perhaps unduly, in his other plays, in *Frühlings Erwachen* he conveyed no clear-cut message. It is a living work of art, a play „das innerhalb Wedekinds Oeuvre einzig dasteht" (Seehaus[2],

* The following will illustrate Wedekind's impact on Brecht: „Brecht hat Wedekind zeitlebens geliebt, . . ." (Münsterer, p. 42). Three days after Wedekind's death there appeared an obituary, written by Brecht, in the *Augsburger Neueste Nachrichten* (re-published in Brecht, *Sch. z. Th.* I, 7 ff.). Brecht named his first son Frank, after Wedekind. An entry, in August 1920, in Brecht's diaries echoes Wedekind's aphorism „Das Fleisch hat seinen eigenen Geist" ('Über Erotik', *G.W.* I, p. 199) when Brecht wrote: „Die Worte haben ihren eigenen Geist . . ." (Brecht T, p. 41 f.). Cf. also the entry of 19 December 1921: „Ich kann nicht arbeiten, singe bloß Choräle und Wedekind. Das ist ein Erbauungsschriftsteller wie wenige. . . ." (ibid., p. 180).

As late as 1950 Brecht planned a production of *Frühlings Erwachen* at the 'Berliner Ensemble' which, however, did not materialize (Münsterer, p. 42). Cf. also Bibliography: Witzke. Other dramatists on whom Wedekind exerted a strong influence include Ödön von Horváth (1901–1938); (cf. e.g. the title of the fragment *Der Lenz ist da! Ein Frühlingserwachen in unserer Zeit*) and Friedrich Dürrenmatt (1921–   ).

p. 47). Only one page of the manuscript has survived. How much the whole *Frühlings Erwachen* complex occupied Wedekind's mind is evident from his composition of his two poems 'Wendla' and 'Ilse' and from his plans for further plays under the titles *Spätfrühling* and *Spätsommer* and from his notes to a 'Frühlingserwachen Pendant' (Kutscher I, p. 260).

The first edition of the play was published in Zurich, at Wedekind's own expense, in 1891. The fly-leaf names the author as 'Fr. Wedekind', but he signed the frontispiece photo 'Frank Wedekind' and never resumed the use of 'Franklin'. Although largely unnoticed by the general public, the publication established Wedekind's name in literary circles. The second (manuscript) edition, in 1894, remained unprinted. It contained one major change, an interpolation in the 'Professorenszene' (II.1). As this has not been printed since 1922 (Kutscher I) and is no longer generally available, it is re-printed here for the first time.

After

SONNENSTICH: Ist die Schrift dieses Schriftstücks die Ihrige?
MELCHIOR: Ja.

the second edition reads:

ZUNGENSCHLAG: Ma-ma-man könnte den Bu-Burschen – ebensogut dafür verantwortlich machen, da-da-daß er ge-geboren wurde. Er hat über eine e-ernsthafte Geschichte e-e-ernsthaft nachgedacht und e-e-e-ernsthaft geschrieben. Er hat A-Anlagen zum Na-Na-Na-Naturforscher.

FLIEGENTOD: Ich bin Naturforscher und habe diese Geschichte noch in meinem Leben nicht e-ernsthaft behandelt!

ZUNGENSCHLAG: Ich fühle mich zu der E-E-Erklärung gezwungen, daß sich der Junge in einem Ü-Übergangsstadium befindet, in dem solche Dinge na-na-naturgemäß in den Vordergrund gedrängt werden . . .

FLIEGENTOD: Lassen Sie sich doch eine Drainage in die Stirnhöhle applizieren!

ZUNGENSCHLAG: Sie ha-haben ja, als wir zusammen auf der Pe-Pe-Penne waren, falsche Talerstücke fabriziert und sie den a-armen Göhren in der A-A-A-A-A-A-Aufregung wieder aus der Tasche gestohlen!

FLIEGENTOD: Und was haben Sie getan? Ich will Ihnen sagen, was Sie getan haben! – Sie haben o-

SONNENSTICH: Oh!-Oh!
AFFENSCHMALZ: Oh!-Oh!-Oh!
ALLE: O-h!

ZUNGENSCHLAG: Wer von uns hat denn nicht o-o-o-o-o-o
MELCHIOR: Ich . . .
SONNENSTICH: Sie haben sich ruhig zu verhalten!*

Wedekind deleted this passage in later editions. Kutscher regretted
this (I, p. 257) in view of the greater objectivity which the dialogue
bestows on the attitude of the teachers. Be that as it may, we realize
that Melchior's protector is an unhealthy semi-neurotic. Besides, some
of the other teachers emerge in an even worse light: Fliegentod is
irresponsible, a forger, a petty thief; and the whole bunch of teachers
are 'guilty' of the unmentionable, natural act that they pretend to
abhor.

Themes and Interpretations

The play can be approached from more than one viewpoint. It can be
read as a play advocating educational reform. This was the interpretation that early critics gave it and which is of no more than historical
interest to us. It can be read as a play about the generation gap; as an
indictment of bourgeois society; as the destruction of natural innocence
by an insensitive and uncomprehending society; and, last but not least,
as a poetic statement.

Wendla cannot understand her mother, who cannot bring herself to
tell her daughter the facts of life. Herr Gabor, a stern disciplinarian, has
no understanding whatever for the independent, individualistic outlook
of his son, Melchior. True, Frau Gabor has an instinctive sympathy
with the unconventional mentality of her son but, at the moment of
extreme crisis, the gulf between mother and son is as wide as that between father and son. It is symptomatic that we never see Moritz
and his father or mother together. As far as Herr Rentier Stiefel is
concerned, Moritz was beneath contempt with his twofold offence of
being bad at school and possessing a mind 'obscene' enough to wish to
know how he came into this world. He had disgraced the family and
his suicide put the crowning shame upon him. As far as Moritz is
concerned, his father has no other function but to instil fear into him
and his mother is a hysteric („. . . und Mama kommt ins Irrenhaus",
II.1). She never appears, not even at her son's funeral. It can be assumed
that the gulf between the two generations within these three families is
representative of the gulf that exists within the other families.

What should be the second haven of security for young people –
school – offers no more comforting a picture than their distressing
homes: the teachers are their pupils' nightmare but at the same time

* The letter 'o' here indicates the dreaded verb 'onanieren' (to masturbate).

they are the arbiters of their academic success or failure; in Moritz' case they are, virtually, arbiters also of his physical being. Neither can any sympathy be expected from the Church, as represented by Pastor Kahlbauch at Moritz' grave.

These children have no one to turn to. They are weak (even Melchior could not have survived without the support of the 'Vermummte Herr'), extremely vulnerable and defenceless. They are exposed to the impact of new forces with which their fragility and innocence cannot cope. At this stage of their youth, their criterion is nature and innocence, not the concept of the adult world, morality. Their success or failure depends entirely on their own strength or weakness of character. In a note (undated but likely to have been written at the time of creating *Frühlings Erwachen*) Wedekind described their perplexing situation in the following metaphor: „. . . die männlichen sowohl wie die weiblichen stehen sämtlich im Alter von beiläufig vierzehn Jahren. Der schmächtige Halm ist emporgeschossen, die schwere saftstrotzende Knospe droht ihn zu knicken, die Blätter haben sich noch nicht entfaltet, aber der Kelch steht geöffnet und gestattet . . ." (quoted by Kutscher I, p. 235). Wendla and Moritz succumb completely. What will become of maltreated Martha? Hänschen Rilow is a budding cynic who will 'skim off the cream' („Warum nicht abschöpfen?" III.6), an incipient Marquis von Keith; Ernst Röbel will spend all his adult life wallowing in complacency. It is a depressing vista but not a completely hopeless one which opens before us at the end of the play: Melchior, after all, comes to terms with life. His return there is fraught with problems but what in life is not? We must hope and we must try to overcome all difficulties. In their desire to live the 'natural' life they had been unaware that they were engaged in a head-on collision with a society in which there was no room for the free development of natural instincts. Life is a battlefield of egos but it has to be accepted as it is and not only as the utopian dream-world of childhood. It is this that the young people in the play have to learn.

Seen in this light, objections to the play as being 'old fashioned', as 'of no validity today', as a mere period piece, should be reconsidered. True, there are no longer sixty-eight pupils in a class (but aren't there still too many?); true, you do no longer get expelled from school for passing on sexual enlightenment to your school friend (but are there no sensitive areas left which it would be advisable not to discuss?); true, the boys' student caps look frightfully old-fashioned, etc. Yet the play transcends the immediate subject matter (as Wedekind intended): ideals that are continually thwarted by reality (Hahn calls the play 'eine elegische Klage'), the repressions that we undergo and that run counter to the laws of nature, the vision of a way of life based on our natural instincts, these are perennial themes. So is the wounded innocence of youth, its helplessness, the anguish and puzzlement of puberty. The author's understanding of youth, his humour, his profound sense of poetry will assure the attractiveness of the play for generations. And in one respect at least – that of the evasion of responsibility on the part of many parents for the sexual enlightenment of their children – the play poses as concrete and largely unsolved a problem as almost a hundred years ago. To confront readers and audiences at the turn of the century with questions of such intimacy as pubescence and sex demanded a pioneering spirit and extraordinary courage for which we owe Wedekind an inestimable debt. He was, of course, right when he declared: „. . . die auffallendste Seite meiner Produktion, [ist] meine sexuelle Schamlosigkeit . . .‟ (draft of letter to Georg Brandes, late 1908 or early in 1909), 'Schamlosigkeit' meaning here 'lack of inhibitions' rather than 'shamelessness'). He had to pay for it by being rejected by theatre-directors, most critics and the public alike.

None of the characters in the play is able to break out of the social cage in which he lives: Frau Bergmann carries on the prevailing tradition of sexual morality without thought: „Ich habe an dir nicht anders getan, als meine liebe gute Mutter an mir getan hat‟ (III.5). While she evades her responsibility to impart to her daughter the most fundamental knowledge about life, she takes it upon herself to risk (and indeed, destroy) her daughter's life because the social disgrace that an an illegitimate child would bring upon her family would shatter her cosy little world. Similarly, Frau Gabor with her 'In die Korrektionsanstalt!' (III.3). Herr Gabor insists on sending Melchior to a correctional home; behind the moral façade of wishing to lead him back to a 'christliche Denk- und Empfindungsweise' there lurks a strong element of subconscious sexual jealousy of his wife's 'Spielzeug'. The words of the 'Vermummte Herr' in the last scene of the play lend support to this interpretation: „Dein Herr Vater sucht Trost zur Stunde in den kräftigen Armen deiner Mutter‟ (Rothe, *F.E.*, p. 33 f.). The casting off of responsibility on the part of Herr Stiefel ('Der Junge war nicht von mir!': III.2) is echoed in Moritz', his son's, fear of life. Herr Stiefel, in order to acquit himself of his guilt of having driven him to his death, seizes on the given possibility of making Moritz a victim of newfangled sexual enlightenment. The teachers in turn gladly grasp the opportunity of 'proving' their integrity by condemning an innocent boy. This will clear them in the eyes of their superiors. The taboo of sexual matters is used to divert attention from the real causes of the suicide. Many of the young people are similarly affected: the hostile reaction on the part of Moritz' school friends to his invasion of the staff room reflects the competitive spirit in which the members of society fight their way up the social ladder. The competition for the coin in the correctional home (a 'masturbation race': Best, p. 78)* demonstrates that in such a society even sexual satisfaction is dominated by the money motive. In so disgusting a world, Moritz' bitter cries from the heart, „Eltern sehen wir Kinder in die Welt setzen, um ihnen zurufen zu können: Wie glücklich ihr seid, solche Eltern zu haben! – und sehen die Kinder hingehen und desgleichen tun" and „Wozu gehen wir in die Schule? – Wir gehen in die Schule, damit man uns examinieren kann! – Und wozu examiniert man uns? – Damit wir durchfallen" remain, in the circumstances, no more than a flash of sheet lightning without consequence.

Neither is there much faith in future improvement: „Ich verspreche mir wenig von der Zukunft," says Hänschen Rilow and „Laß uns nicht traurig sein!" (III.6). There is nothing better to follow his and Ernst Röbel's idyll. At best, they are in for a cynical free-for-all, as are their fathers. „Im Westen sinkt die Sonne hinter die Berggipfel" is the comment in one of the many brief but significant stage directions.

The Autobiographical Element

That the play owes much to the personal experiences of its author and his circle is evident: the setting in a rural small country town, the school background, the world of young people; two suicides among his school friends (Frank Oberlin in 1881; Moritz Dürr in 1886) are reflected in Moritz' suicide who himself owes much to Wedekind's best school friend Oscar Schibler. Wedekind has been largely identified with Melchior, but Moritz shows at least two common experiences with his creator: Wedekind's school report in the 'Unter-Prima' ('Lower Sixth' form) had stated: „Provisorisch promoviert, mit Protest im Französisch [sic]. Die Maturität [Matura] ist zweifelhaft" (quoted by Kutscher I, p. 55). Also: Moritz' fear of the 'Matura' is a reflection of Wedekind's own fears: (die Matura) „ . . . die mich Tag und Nacht dämonisch verfolgt und mich ängstigt wie Bankos [sic] Geist . . . O wäre diese schreckliche Passionszeit schon vorüber, . . . Doch der Kelch muß geleert sein!" (to Anny Barte, February 1884). Not only does

---

* The problem was not confined to Germany but was equally acute in England: 'In the nineties the *Boys' Own Paper*, for instance, used to have its correspondence columns full of terrifying warnings against masturbation, and books like *St Winifred's* and *Tom Brown's Schooldays* were heavy with homosexual feeling . . .' (George Orwell: 'Boys' Weeklies' in *Selected Essays*, Penguin, p. 180).

Moritz fully share these feelings, he even echoes them: „. . . auf daß der Kelch ungenossen vorübergehe" (II.1). And although Wedekind's school friend Ernst Zschokke later declared that the 'Professorenszene' was a 'völlig freie Erfindung des Dichters', nevertheless Wedekind had made the ambiguous remark: „Den Profaxen geht es allen dank ihren Rynoceros [*sic*] Naturen sehr gut" (to Walter Laue, 11 November 1881).* As to some more intimate and controversial aspects of the play Kutscher, in 1922, commented discreetly: „Er gibt sich Ausschweifungen und Perversionen hin fast bis zur Zerrüttung" (I, p. 84). The remark becomes clearer in the context of an entry in Wedekind's diary in Paris in December 1892: „Rachel sucht mich vergebens zum Aufstehen zu bewegen. Schließlich nimmt sie die Peitsche und reißt mir die Decke weg" (Hahn III, p. 304; cf. the rôle of the 'Gerte' in *Frühlings Erwachen* I.5).

These remarks must suffice to explain his life-long battle with censorship, which often drove him to the brink of despair. On the other hand, one is also bound to sympathize with the censorship authorities; public opinion simply was not prepared to tolerate such frankness on the stage for many decades, neither in Germany nor abroad. It is no wonder that Wedekind himself declared (in 1911): „Bis zur Aufführung durch Reinhardt galt das Stück als reine Pornographie" (*G.W.* IX, p. 424). There could be no question of a stage performance in the nineties. When one of Wedekind's friends, in 1897, raised the question 'wie einen guten Witz', the very idea of it was greeted with loud laughter (Martens I, p. 89). The following amusing detail from a review in a Königsberg newspaper in 1912 illustrates the point: „ . . . Eine Dame aus guten Kreisen erhob sich während der berühmt gewordenen Heubodenszene in völliger Selbstvergessenheit, um die Vorgänge auf der Bühne möglichst in allen erhofften Details noch besser verfolgen zu können" (quoted by Seehaus², p. 97).

Style, Influences and Structure

There is general agreement among critics and theatre audiences alike that Wedekind was a highly idiosyncratic writer, an outsider whom it would be difficult to catalogue under any such heading as Naturalist,

---

* Heinrich Heine used the word 'Profaxen' (for 'Professoren') at the beginning of his *Reisebilder* (in 'Die Harzreise'), a work that Wedekind greatly admired: „In dem von mir Gelesenen sind besonders die ‚Reisebilder' ganz delikat" (letter to Oskar Schibler, April 1883: unpublished). Cf.: „Er [Heine] hat mich ganz gekeilt [hooked] mit seinen Ideen und seiner Sprache" (ibid).

Expressionist, Surrealist, etc. Yet at least two earlier writers clearly influenced his mode of feeling and expression: Heinrich Heine (1799–1856) and Georg Büchner (1813–37). Heine's influence is discernible in Wedekind's use of irony and the frequent sudden destruction of a poetic, lyrical or sentimental mood: in I.3 of *Frühlings Erwachen* Martha expresses her admiration for Moritz' 'seelenvollen Blick'. Thea immediately mentions the warm squashed chocolates which he had offered her. In II.1 Moritz philosophizes in the most exalted manner about physical 'Befriedigung' (satisfaction). MELCHIOR: „Denke sie dir, wie du magst, aber behalte sie für dich – Ich denke sie mir nicht gern. . . .‟ And Moritz' tale in II.1 („Wie sich dort im Mondschein der Garten dehnt . . .‟) evokes 'Stimmungsbilder' from Heine's *Florentinische Nächte* which are „ . . . so weich, so zart, als wären sie aus lauterem Mondenschein gewoben‟ (to Anny Barte, November 1883). The forlornness of Moritz Stiefel, the dream-like quality that surrounds him, his closeness to myth and fairy-tale are strongly reminiscent of a strand in Büchner (cf. for example the irrational element and the grandmother's tale in Büchner's play *Woyzeck* with Moritz' sense of isolation). Wedekind and Büchner also share a basically pessimistic and tragic outlook. The technique of writing in short, tense scenes also owes much to Büchner.

Turning to the structure of the play, its most prominent feature appears to be the antithetic element: there is antithesis between adolescents and adults; between boys and girls; the grouping of Wendla and Melchior on the one hand and Hänschen Rilow and Ernst Röbel on the other; the antithesis between Frau Bergmann and Frau Gabor; between Ilse and the 'Vermummte Herr'. Furthermore, there is the antithetic order of scene-arrangement: in Act I, alternation of scenes between boys and girls; in Act II, the conversation between Melchior and Moritz is contrasted with the conversation between Wendla and her mother; both treat the same theme, but the boys are 'enlightened' whereas Wendla is still fabulating about the stork. In two scenes (II.3 and 4) we encounter the sharp antithesis between the isolation and sexual predicament of Hänschen Rilow as opposed to the physical union between Wendla and Melchior. In II.7 we experience the contrasting moods, outlooks and personalities of Ilse and Moritz. In Act III 'Old' and 'Young' alternate: Scene 1, Teachers; Scene 2, Adolescents; Scene 3, Parents; Scene 4, Youth (correctional home); Scenes 5 and 6: the death of Wendla and the happiness of Hänschen and Ernst. There is no tightly knit plot; most scenes are short and follow each other in a mosaic-like pattern. Their arrangement results in growing intensity, dramatic sweep and tension.

The last scene of the play, in the cemetery, requires a brief discussion: Melchior is on the point of following Moritz, a personification of death, who has risen from the grave in order to entice Melchior to join him. Moritz' paean on the sublimity of death almost succeeds in persuading him. Only the unexpected appearance of the 'Vermummte Herr' – a symbol of life – stops him short. He deflates Moritz' exaltation of his present state of 'Erhabenheit' (sublimity) as idle boasting. Melchior, torn between the two, both of whom woo him, cannot decide which hand to take. Not very long ago, Moritz, unknowingly, had been in a similar situation in his encounter with Ilse, another manifestation of life. (VERMUMMTER HERR: „Erinnern Sie sich meiner nicht? . . .“: III.7.) Moritz failed to grasp the opportunity and died. Melchior is stronger and bolder: the 'Vermummte Herr' wins him over to his side and leads him away. Life has been victorious over death. Wedekind himself later (in 1911) declared: „Es widerstrebte mir, das Stück, ohne Ausblick auf das Leben der Erwachsenen, unter Schulkindern zu schließen. Deshalb führte ich in der letzten Szene den Vermummten Herrn ein' (G.W. IX, p. 424). The world of uncertainty, represented by youth, is powerless against the adult world. The adult world, the bourgeois world, is the predominant world. Wedekind himself played the 'Vermummte Herr' in frock coat and top hat, thus identifying life with bourgeois society. The reality of bourgeois society has to be accepted. However, the victory of life over death raises some questions: Why is the figure of Life 'vermummt'? Where is Life going to lead Melchior? The mask that the 'Herr' wears can be interpreted as a symbol of the impossibility of recognizing life. Life is not an abstract concept, it is not an object that can be contemplated from 'outside': „Du lernst mich nicht kennen, ohne dich mir anzuvertrauen,“ says the 'Vermummte Herr'. The strong ones, like Melchior, cling to it at all costs („Ich *will* nichts, was ich mir nicht habe erkämpfen müssen,“ II.2). We do not know what is behind the mask, good or evil, beauty or horror, happiness or suffering; but the unknown is life's main attraction and it has to be grasped in any disguise. This is the significance of the dedication to 'Dem *vermummten* Herrn' (my italics). It is as if the author had raised his hat to the great mystery. It would be easy to answer the second question – where does he lead Melchior to? – pointing out that he is taking him back to the same morally corrupt, circumscribed, stifling life which Melchior had just rejected. This, however, would mean neglecting the possibility, indeed the probability, that the 'Vermummte Herr' will set out on an entirely different path. We hazard the guess – though we cannot prove such a contention – that the cycle will not be repeated. Otherwise, complete hopelessness and ultimately nihilism would be the outcome of our journey: with Wendla and Moritz dead, all our hope is pinned on Melchior, as we derive none from the older generation. According to Irmer (op. cit.), the Vermummte Herr represents „das harte, unerbittliche und doch irgendwie glückhafte Leben; eine, die einzige Möglichkeit des menschlichen Daseins". Melchior represents life: „Er wird in der Welt der Erwachsenen, wie er es in der Welt der Heranwachsenden getan hat, alle Mittelmäßigen und Schwachen beiseite schieben und sich kraft einer brutalen Intelligenz behaupten. . . ." (p. 113 f.)

These remarks, however, need some qualification: the beckoning of the 'Vermummte Herr' to Melchior („Ich mache dir den Vorschlag, dich mir anzuvertrauen . . .") is strongly reminiscent of Mephistopheles' call in Goethe's *Faust* (Part I). Mephistopheles, also dressed in the most elegant manner of his time, promises Faust, should he join him, „Ich gebe dir, was noch kein Mensch gesehn" (V. 1674). Wedekind knew *Faust* well; but whether he meant to evoke such a juxtaposition between Mephistopheles and the 'Vermummte Herr' in our minds – in this way hinting at a negative, antithetic pole in Life – it is impossible to establish. It should be borne in mind that, although it is stimulating to reflect on these questions, we are contemplating a poetic creation rather than a philosophical treatise, such as may lend itself to a logical conclusion. Neither does the 'Vermummte Herr' represent an economic principle as Irmer suggests: „Dem Dichter tritt das ‚teuflische Wesen' der Welt im gesellschaftlichen System des Kapitalismus entgegen." It speaks for the ambivalent quality of that figure that Irmer later disregarded his own emphatic interpretation of the 'Vermummte Herr' as a material image of life (*vide supra*) and recognizes his ambiguity in concluding that the 'Vermummte Herr' „bedeutet aber nichts anderes als das Entweder – Oder, das jeder in sich trägt. . . . Er ist den einen deus, den anderen diabolus ex machina". (p. 196 f.)

Yet Wedekind explicitly mentions the philosopher Friedrich Nietzsche (1844–1900) in connection with this scene: „Als Modell für den aus dem Grab gestiegenen Moritz Stiefel, die Verkörperung des Todes, wählte ich die Philosophie Nietzsches" (*G.W.* IX, p. 424). In beckoning Melchior, Moritz exercises an exalted gesture which Thomas Mann, on whom Nietzsche's influence was also very great, called 'die Verführung zum Tode', a basically romantic concept, highlighted in Richard Wagner's opera *Tristan und Isolde*. Nietzsche and Thomas Mann became aware of its dangers – as does Melchior. It is connected with Nietzsche's concept of the 'Apollonian', represented by the world of dream, of appearance, the inner world of imagination, as opposed to the concept of the 'Dionysian', the concept of intoxication (in any form) which not only restores the „Bund zwischen Mensch und Mensch . . .: Auch die entfremdete, feindliche oder unterjochte Natur feiert wieder ihr Versöhnungsfest mit ihrem verlorenen Sohne, dem Menschen" (Nietzsche, *Die Geburt der Tragödie*, Goldmann edition, p. 26). The restoration of the bond between man and man and between man and nature can only be achieved by the cultivation of the physical, the sensuous, the vital, what Nietzsche calls 'Rausch' (intoxication). It is this conviction that pervades all Wedekind's works.

Language

The language of *Frühlings Erwachen* is far from uniform. It includes the colloquial „Papa schlägt mich krumm" (Martha in I.3), „Dein Tee wird mir gut tun, Melchior" (Moritz in I.2) and even the ungrammatical „In meinen Jahren friert man noch nicht – am wenigsten an die Beine" (Wendla in I.1); the highly literary „Jetzt möchte ich droben im Wald eine junge Dryade sein" and „Ich hielte dich für eine Dryade" (Melchior in I.2 and 5) and the factual „Man sollte den Vater kurzweg verklagen" (Melchior in I.5); the musical „wie ein Lied, das einer . . . hingesummt . . ." (Moritz in II.1); the aggressively direct „die ganze Welt drehe sich um P . . . und V . . . !" (Melchior, ibid.); the dreamlike „Ich fühle mich so eigentümlich vergeistert" (Moritz in II.1).

The frequent use of monologues deserves mention, Hänschen Rilow's extremely daring and, at the same time, chaste monologue in II.3, Wendla's wonderfully lyrical, tender and spring-like soliloquy in II.6, Moritz' sombre and tortured speech in II.7 and Melchior's dramatic and very moving monologue in III.7. The scene in which Frau Gabor writes her letter to Moritz (II.5) also fulfils the functions of deliberation and decision-making which characterizes the monologue proper. The device of extended monologue has no place in the naturalist plays of the time (Ibsen, Hauptmann) and its use by Wedekind is all the more remarkable. Reference should also be made to the striking use of euphemisms, such as „. . . die eklatantesten Erfolge . . ." (Dr Brausewetter in III.5), of symbolism, such as „. . . das Untier . . ." (Wendla in the same scene), of colour effects, of light and darkness and of stage directions full of significance.

The First Performance

Very gradually the climate of public opinion changed in Wedekind's favour and the first performance of *Frühlings Erwachen* took place on 20 November 1906 (fifteen years after its publication) in a production by the great producer Max Reinhardt at the 'Kammerspiele' in Berlin.

However, important concessions had to be made to the censor: the scene in the correctional home (III.4) and the 'Weinbergszene' (III.6) had to be omitted, rendering the play much less representative as the tragic portrait of a whole generation; Hänschen Rilow's soliloquy (II.3) had been mutilated by the censor to such an extent that Wedekind and Reinhardt decided to cut it out altogether. The grotesque names of the teachers had to be replaced by inoffensive ones (e.g. Sanftleben, Lindemann, Friedepohl, etc.) yet the name of Pastor Kahlbauch slipped through the net. Other changes demanded by the censor were: the word 'Beischlaf'had to be replaced by 'Fortpflanzung'; 'Abortivmittel' by 'Geheimmittel', 'männliche Regungen' had to become 'kein Kind mehr sein' (I.2). The sadistic treatment of Martha was cut out. The beating in I.5 was changed in such a way as to make Melchior full of bathos and sentimentality and Wendla quite affected. In the 'Heubo-denszene' (II.4) Wendla had a new line which considerably falsified the author's original 'pure' conception of her: „Wenn ich dir einmal nachlaufe, dann siehst du mich wieder" and Melchior was made to flee Wendla. In II.7 ('Abenddämmerung') there were many cuts in Moritz' soliloquies and in his conversation with Ilse. In I.5 and in III.7 cuts had to be made in order not to offend religious propriety (Kutscher I, p. 259).

Two other problems had to be solved, the casting problem and technical requirements of production. Child actors or very young actors were unknown in the theatre of the time, but Reinhardt assembled an excellent cast of young actors for the occasion. As to inappropriate casting, one unexpected critic, no other than the future Commissar Leo Trotsky, made this point as late as 1908: „Welche aesthetische Geilheit ist es, ‚Frühlings Erwachen' auf die Bühne zu bringen, wo Männer in mittleren Jahren mit rasierten Gesichtern Mutierung der Kinderstimme simulieren müssen" (quoted by Seehaus[1], p. 299). Incidentally, Wedekind who himself played the 'Vermummte Herr' in the original production completely forgot his own lines on the first night (von Winterstein, p. 401). The play demanded quick scene changes which were made possible by the very recent innovation of the revolving stage.

The first night turned out to be a tragi-comic experience for Wedekind. Three days after the première he wrote to Karl Kraus: „Frühlings Erwachen wurde schweigend hingenommen. Es hat sich buchstäblich *nicht eine Hand gerührt*" (Wedekind's italics). He had remained unaware that it was the tradition of that particular theatre not to applaud (G.B. II, p. 363). In fact, the play was an extraordinary success. The original production remained in the repertoire for twenty years. At times, two different, simultaneous productions were running both in Berlin and in Hamburg. In number of performances *Frühlings Erwachen* „(darf) bedenkenlos als das erfolgreichste, ja volkstümlichste neuere Drama in deutscher Sprache bezeichnet werden" (Seehaus[1], p. 301).

Translations into French, Russian, Japanese and Dutch followed in quick succession (Kutscher I, p. 255 f.). A translation into Chinese, published in 1928, has recently come to light. In an Appendix the translator, a Chinese student living in Munich, wrote: 'When Wendla was on the stage I could not help weeping at this human tragedy!'

In conclusion, a word about *Frühlings Erwachen* in England. There have been three major productions in London in recent years: abridged club performances were given at the Royal Court Theatre in 1965. The Bremen Theatre Company performed the play, in German, at the Aldwych Theatre during the World Theatre Season in 1967; and the first public performance in English in a complete version, possible with the abolition of theatre censorship in England in 1968, took place at the National Theatre in 1974, eighty-three years after the play was written. There were forty-nine sold out performances. These three productions were preceded, however, by a single (club) performance, staged by the Sunday Theatre Club, at the Grafton Theatre, Tottenham Court Road, on 29 March 1931. Ivor Brown in a review in the *Observer*, declared that Wedekind was 'thirty years ahead of his time'. The play 'has the power of all simple portraiture of innocence in pain'. W. A. Darlington, the theatre critic of the *Daily Telegraph*, wrote: 'Even today, when we have cultivated the habit of frankness about matters of sex, it is a grim and stark piece of work. Wedekind's picture of the effect of adolescence on the German children of a generation ago makes me thank heaven we in England have always grown up too slowly and set too much store by childish pursuits such as games.' The first play by Wedekind to be produced in England, it appears, was *Der Kammersänger* (under the original title). It was staged for two performances by the Incorporated Stage Society at the Imperial Theatre, Westminster, on 9 and 10 June 1907, 'Translated by a Member of the Society'. According to Kutscher, *Frühlings Erwachen* was produced in London in 1920 „als eines der ersten deutschen Stücke nach dem Krieg" (I, p. 255). I have not been able to verify this and, in view of the fact that both Ivor Brown and W. A. Darlington refer to the production in 1931 as the first production in England, none is likely to have taken place before that year. There are at least three silent film versions of *Frühlings Erwachen*, one made in 1923 and two in 1926 (Seehaus[1], p. 52). No recording of Wedekind's voice appears to exist.

Personen*

MELCHIOR GABOR
HERR GABOR, *sein Vater*
FRAU GABOR, *seine Mutter*
WENDLA BERGMANN
FRAU BERGMANN, *ihre Mutter*
INA MÜLLER, *Wendlas Schwester*
MORITZ STIEFEL
RENTIER STIEFEL, *sein Vater*

Gymnasiasten

OTTO	ERNST RÖBEL
ROBERT	HÄNSCHEN RILOW
GEORG ZIRSCHNITZ	LÄMMERMEIER

Schülerinnen

MARTHA BESSEL	THEA

ILSE, *ein Modell*

Gymnasialprofessoren

REKTOR SONNENSTICH

HUNGERGURT	KNÜPPELDICK
KNOCHENBRUCH	ZUNGENSCHLAG
AFFENSCHMALZ	FLIEGENTOD
HABEBALD, *Pedell*	PASTOR KAHLBAUCH

ZEIGENMELKER, *Freund Rentier Stiefels*
ONKEL PROBST

Zöglinge der Korrektionsanstalt

DIETHELM	RUPRECHT
REINHOLD	HELMUTH
GASTON	

DR PROKRUSTES
EIN SCHLOSSERMEISTER
DR VON BRAUSEPULVER, *Medizinalrat*
DER VERMUMMTE HERR
Gymnasiasten, Winzer, Winzerinnen

* There is no List of Characters in the first or in subsequent editions of the play; it is given here for easier orientation.

Frühlings Erwachen

ERSTER AKT

ERSTE SZENE

Wohnzimmer.

WENDLA: Warum hast du mir das Kleid so lang gemacht, Mutter?

FRAU BERGMANN: Du wirst vierzehn Jahr heute!

WENDLA: Hätt ich gewußt, daß du mir das Kleid so lang machen werdest, ich wäre lieber nicht vierzehn geworden.

FRAU BERGMANN: Das Kleid ist nicht zu lang, Wendla. Was willst du denn! Kann ich dafür, daß mein Kind mit jedem Frühjahr wieder zwei Zoll größer ist. Du darfst doch als ausgewachsenes Mädchen nicht in Prinzeßkleidchen einhergehen.

WENDLA: Jedenfalls steht mir mein Prinzeßkleidchen besser als diese Nachtschlumpe. – Laß mich's noch einmal tragen, Mutter! Nur noch den Sommer lang. Ob ich nun vierzehn zähle oder fünfzehn, dies Bußgewand wird mir immer noch recht sein. – Heben wir's auf bis zu meinem nächsten Geburtstag; jetzt würd ich doch nur die Litze heruntertreten.

FRAU BERGMANN: Ich weiß nicht, was ich sagen soll. Ich würde dich ja gerne so behalten, Kind, wie du gerade bist. Andere Mädchen sind stakig und plump in deinem Alter. Du bist das Gegenteil. – Wer weiß, wie du sein wirst, wenn sich die andern entwickelt haben.

WENDLA: Wer weiß – vielleicht werde ich *nicht* mehr sein.

FRAU BERGMANN: Kind, Kind, wie kommst du auf die Gedanken!

WENDLA: Nicht, liebe Mutter; nicht traurig sein!

FRAU BERGMANN (*sie küssend*): Mein einziges Herzblatt![1]

WENDLA: Sie kommen mir so des Abends, wenn ich nicht einschlafe. Mir ist gar nicht traurig dabei, und ich weiß, daß ich dann um so besser schlafe. – Ist es sündhaft, Mutter, über derlei zu sinnen?

FRAU BERGMANN: Geh denn und häng das Bußgewand in den Schrank! Zieh in Gottes Namen dein Prinzeßkleidchen wieder an! – Ich werde dir gelegentlich eine Handbreit Volants unten ansetzen.

WENDLA (*das Kleid in den Schrank hängend*): Nein, da möcht ich schon lieber gleich vollends zwanzig sein . . .!

FRAU BERGMANN: Wenn du nur nicht zu kalt hast![2] – Das Kleidchen war dir ja seinerzeit reichlich lang; aber . . .

WENDLA: Jetzt, wo der Sommer kommt? – O Mutter, in den Kniekehlen bekommt man auch als Kind keine Diphtheritis! Wer wird so kleinmütig sein. In meinen Jahren friert man noch nicht – am wenigsten an die Beine.[3] Wär's etwa besser, wenn ich zu heiß hätte, Mutter? – Dank es dem lieben Gott, wenn sich dein Herzblatt nicht eines Morgens die Ärmel wegstutzt und dir so zwischen Licht abends ohne Schuhe und Strümpfe entgegentritt! – Wenn ich mein Bußgewand trage, kleide ich mich darunter wie eine Elfenkönigin . . . Nicht schelten, Mütterchen! Es sieht's dann ja niemand mehr.

ZWEITE SZENE

Sonntagabend.

MELCHIOR: Das ist mir zu langweilig. Ich mache nicht mehr mit.

OTTO: Dann können wir andern nur auch aufhören![4] – Hast du die Arbeiten, Melchior?

MELCHIOR: Spielt ihr nur weiter!

MORITZ: Wohin gehst du?

MELCHIOR: Spazieren.

GEORG: Es wird ja dunkel!

ROBERT: Hast du die Arbeiten schon?

MELCHIOR: Warum soll ich denn nicht im Dunkeln spazierengehn?

ERNST: Zentralamerika! – Ludwig der Fünfzehnte! – Sechzig Verse Homer! – Sieben Gleichungen!

MELCHIOR: Verdammte Arbeiten!

GEORG: Wenn nur wenigstens der lateinische Aufsatz nicht auf morgen wäre!

MORITZ: An nichts kann man denken, ohne daß einem Arbeiten dazwischenkommen!

OTTO: Ich gehe nach Hause.

GEORG: Ich auch, Arbeiten machen.

ERNST: Ich auch, ich auch.

ROBERT: Gute Nacht, Melchior.

MELCHIOR: Schlaft wohl!

(Alle entfernen sich bis auf Moritz und Melchior.)

MELCHIOR: Möchte doch wissen, wozu wir eigentlich auf der Welt sind!

MORITZ: Lieber wollt ich ein Droschkengaul sein um der Schule willen![5] – Wozu gehen wir in die Schule? – Wir gehen in die Schule, damit man uns examinieren kann! – Und wozu examiniert man uns? – Damit wir durchfallen. – Sieben müssen ja durchfallen, schon weil das Klassenzimmer oben nur sechzig faßt. – Mir ist so eigentümlich seit Weihnachten ... hol mich der Teufel, wäre Papa nicht, heut noch schnürt ich mein Bündel und ginge nach Altona![6]

MELCHIOR: Reden wir von etwas anderem. –

(Sie gehen spazieren.)

MORITZ: Siehst du die schwarze Katze dort mit dem emporgereckten Schweif?

MELCHIOR: Glaubst du an Vorbedeutungen?

MORITZ: Ich weiß nicht recht. – – Sie kam von drüben her. Es hat nichts zu sagen.[7]

MELCHIOR: Ich glaube, das ist eine Charybdis,[8] in die jeder stürzt, der sich aus der Skylla religiösen Irrwahns emporgerungen. – – Laß uns hier unter der Buche Platz nehmen. Der Tauwind fegt über die Berge. Jetzt möchte ich droben im Wald eine junge Dryade[9] sein, die sich die ganze lange Nacht in den höchsten Wipfeln wiegen und schaukeln läßt ...

MORITZ: Knöpf dir die Weste auf, Melchior!

MELCHIOR: Ha – wie das einem die Kleider bläht!

MORITZ: Es wird weiß Gott so stockfinster, daß man die Hand nicht vor den Augen sieht. Wo bist du eigentlich? – – Glaubst du nicht auch, Melchior, daß das Schamgefühl im Menschen nur ein Produkt seiner Erziehung ist?

MELCHIOR: Darüber habe ich erst vorgestern noch nachgedacht. Es scheint mir immerhin tief eingewurzelt in der menschlichen Natur. Denke dir, du sollst dich vollständig entkleiden vor deinem besten Freund. Du wirst es nicht tun, wenn er es nicht zugleich auch tut. – Es ist eben auch mehr oder weniger Modesache.

MORITZ: Ich habe mir schon gedacht, wenn ich Kinder habe, Knaben und Mädchen, so lasse ich sie von früh auf im nämlichen Gemach,[10] wenn möglich auf ein und demselben Lager, zusammen schlafen, lasse ich sie morgens und abends beim An- und Auskleiden einander behilflich sein und in der heißen Jahreszeit, die Knaben sowohl wie die Mädchen, tagsüber nichts als eine kurze, mit einem Lederriemen gegürtete Tunika aus weißem Wollstoff tragen. – Mir ist, sie müßten, wenn sie so heranwachsen, später ruhiger sein, als wir es in der Regel sind.

MELCHIOR: Das glaube ich entschieden, Moritz! – Die Frage ist nur, wenn die Mädchen Kinder bekommen, was dann?

MORITZ: Wieso Kinder bekommen?

MELCHIOR: Ich glaube in dieser Hinsicht nämlich an einen gewissen Instinkt. Ich glaube, wenn man einen Kater zum Beispiel mit einer Katze von Jugend auf zusammensperrt und beide von jedem Verkehr mit der Außenwelt fernhält, d. h. sie ganz nur ihren eigenen Trieben überläßt – daß die Katze früher oder später doch einmal trächtig wird, obgleich sie sowohl wie der Kater niemand hatten, dessen Beispiel ihnen hätte die Augen öffnen können.

MORITZ: Bei Tieren muß sich das ja schließlich von selbst ergeben.[11]

MELCHIOR: Bei Menschen glaube ich erst recht! Ich bitte dich, Moritz, wenn deine Knaben mit den Mädchen auf ein und demselben Lager schlafen und es kommen ihnen nun unversehens die ersten männlichen Regungen – ich möchte mit jedermann eine Wette eingehen . . .

MORITZ: Darin magst du ja recht haben. – Aber immerhin . . .

MELCHIOR: Und bei deinen Mädchen wäre es im entsprechenden Alter vollkommen das nämliche! Nicht, daß das Mädchen gerade . . . man kann das ja freilich so genau nicht beurteilen . . . jedenfalls wäre vorauszusetzen . . . und die Neugierde würde das Ihrige zu tun auch nicht verabsäumen![12]

MORITZ: Eine Frage beiläufig –

MELCHIOR: Nun?

MORITZ: Aber du antwortest?

MELCHIOR: Natürlich!

MORITZ: Wahr?!

MELCHIOR: Meine Hand darauf. – – Nun, Moritz?

MORITZ: Hast du den Aufsatz schon??

MELCHIOR: So sprich doch frisch von der Leber weg![13] – Hier hört und sieht uns ja niemand.

MORITZ: Selbstverständlich müßten meine Kinder nämlich tagsüber arbeiten, in Hof und Garten, oder sich durch Spiele zerstreuen, die mit körperlicher Anstrengung verbunden sind. Sie müßten reiten, turnen, klettern und vor allen Dingen nachts nicht so weich schlafen wie wir. Wir sind schrecklich verweichlicht. – Ich glaube, man träumt gar nicht, wenn man hart schläft.

MELCHIOR: Ich schlafe von jetzt bis nach der Weinlese überhaupt nur in meiner Hängematte. Ich habe mein Bett hinter den Ofen gestellt. Es ist zum Zusammenklappen. – Vergangenen Winter träumte mir einmal, ich hätte unsern Lolo so lange gepeitscht, bis er kein Glied mehr rührte. Das war das Grauenhafteste, was ich je geträumt habe. – Was siehst du mich so sonderbar an?

MORITZ: Hast du sie schon empfunden?

MELCHIOR: Was?

MORITZ: Wie sagtest du?

MELCHIOR: Männliche Regungen?

MORITZ: M-hm.

MELCHIOR: – Allerdings!

MORITZ: Ich auch. –

MELCHIOR: Ich kenne das nämlich schon lange! – schon bald ein Jahr.

MORITZ: Ich war wie vom Blitz gerührt.

MELCHIOR: Du hattest geträumt?

MORITZ: Aber nur ganz kurz . . . . von Beinen im himmelblauen Trikot, die über das Katheder steigen – um aufrichtig zu sein, ich dachte, sie wollten hinüber.[14] – Ich habe sie nur flüchtig gesehen.

MELCHIOR: Georg Zirschnitz träumte von seiner *Mutter*.

MORITZ: Hat er dir das erzählt?

MELCHIOR: Draußen am Galgensteg!

MORITZ: Wenn du wüßtest, was ich ausgestanden seit jener Nacht!

MELCHIOR: Gewissensbisse?

MORITZ: Gewissensbisse?? – – – *Todesangst*![15]

MELCHIOR: Herrgott . . .

MORITZ: Ich hielt mich für unheilbar. Ich glaubte, ich litte an einem inneren Schaden. – Schließlich wurde ich nur dadurch wieder ruhiger, daß ich meine Lebenserinnerungen aufzuzeichnen begann. Ja ja, lieber Melchior, die letzten drei Wochen waren ein Gethsemane für mich.

MELCHIOR: Ich war seinerzeit mehr oder weniger darauf gefaßt gewesen.[16] Ich schämte mich ein wenig. – Das war aber auch alles.

MORITZ: Und dabei bist du noch fast um ein ganzes Jahr jünger als ich!

MELCHIOR: Darüber, Moritz, würd ich mir keine Gedanken machen. All meinen Erfahrungen nach besteht für das erste Auftauchen[17] dieser Phantome keine bestimmte Altersstufe. Kennst du den großen Lämmermeier mit dem strohgelben Haar und der Adlernase? Drei Jahre ist der älter als ich. Hänschen Rilow sagt, der träume noch bis heute von nichts als Sandtorten und Aprikosengelee.

MORITZ: Ich bitte dich, wie kann Hänschen Rilow darüber urteilen!

MELCHIOR: Er hat ihn gefragt.

MORITZ: Er hat ihn gefragt? – Ich hätte mich nicht getraut, jemanden zu fragen.

MELCHIOR: Du hast mich doch auch gefragt.

MORITZ: Weiß Gott ja! – Möglicherweise hatte Hänschen auch schon sein Testament gemacht. – Wahrlich ein sonderbares Spiel, das man mit uns treibt. Und dafür sollen wir uns dankbar erweisen! Ich erinnere mich nicht, je eine Sehnsucht nach dieser Art Aufregungen verspürt zu haben. Warum hat man mich nicht ruhig schlafen lassen, bis alles wieder still gewesen wäre. Meine lieben Eltern hätten hundert bessere Kinder haben können. So bin ich nun hergekommen, ich weiß nicht wie, und soll mich dafür verantworten, daß ich nicht weggeblieben bin. – Hast du nicht auch schon darüber nachgedacht, Melchior, auf welche Art und Weise wir eigentlich in diesen Strudel hineingeraten?[18]

MELCHIOR: Du weißt das also noch nicht, Moritz?

MORITZ: Wie sollt ich es wissen? – Ich sehe, wie die Hühner Eier legen, und höre, daß mich Mama unter dem Herzen getragen haben will. Aber genügt denn das? – Ich erinnere mich auch, als fünfjähriges Kind schon befangen worden zu sein, wenn einer die dekolletierte Cœurdame[19] aufschlug. Dieses Gefühl hat sich verloren. Indessen kann ich heute kaum mehr mit irgendeinem Mädchen sprechen, ohne etwas Verabscheuungswürdiges dabei zu denken, und – ich schwöre dir, Melchior – ich weiß nicht *was*.

MELCHIOR: Ich sage dir alles. – Ich habe es teils aus Büchern, teils aus Illustrationen, teils aus Beobachtungen in der Natur. Du wirst überrascht sein; ich wurde seinerzeit Atheist. Ich habe es auch Georg Zirschnitz gesagt! Georg Zirschnitz wollte es Hänschen Rilow sagen, aber Hänschen Rilow hatte als Kind schon alles von seiner Gouvernante erfahren.

MORITZ: Ich habe den *Kleinen Meyer*[20] von A bis Z durchgenommen. Worte – nichts als Worte und Worte! Nicht eine einzige schlichte Erklärung. O dieses Schamgefühl! – Was soll mir ein Konversationslexikon, das auf die nächstliegende Lebensfrage nicht antwortet.

MELCHIOR: Hast du schon einmal zwei Hunde über die Straße laufen sehen?

MORITZ: Nein! – – Sag mir heute lieber noch nichts, Melchior. Ich habe noch Mittelamerika und Ludwig den Fünfzehnten vor mir. Dazu die sechzig Verse Homer, die sieben Gleichungen, der lateinische Aufsatz – ich würde morgen wieder überall abblitzen. Um mit Erfolg büffeln zu können, muß ich stumpfsinnig wie ein Ochse sein.

MELCHIOR: Komm doch mit auf mein Zimmer. In dreiviertel Stunden habe ich den Homer, die Gleichungen und *zwei* Aufsätze. Ich korrigiere dir einige harmlose Schnitzer hinein, so ist die Sache im Blei. Mama braut uns wieder eine Limonade, und wir plaudern gemütlich über die Fortpflanzung.

MORITZ: Ich kann nicht. – Ich kann nicht gemütlich über die Fortpflanzung plaudern! Wenn du mir einen Gefallen tun willst, dann gib mir deine Unterweisungen schriftlich. Schreib mir auf, was du weißt. Schreib es möglichst kurz und klar und steck es mir morgen während der Turnstunde zwischen die Bücher. Ich werde es nach Hause tragen, ohne zu wissen, daß ich es habe. Ich werde es unverhofft einmal wiederfinden. Ich werde nicht umhin können,[21] es müden Auges zu durchfliegen . . . falls es unumgänglich notwendig ist, magst du ja auch einzelne Randzeichnungen anbringen.

MELCHIOR: Du bist wie ein Mädchen. – Übrigens wie du willst! Es ist mir das eine ganz interessante Arbeit. – – Eine Frage, Moritz.

MORITZ: Hm?

MELCHIOR: – Hast du schon einmal ein Mädchen gesehen?

MORITZ: Ja!

MELCHIOR: Aber ganz?!

MORITZ: *Vollständig!*

MELCHIOR: Ich nämlich auch! – Dann werden keine Illustrationen nötig sein.

MORITZ: Während des Schützenfestes, in Leilichs anatomischem Museum![22] Wenn es aufgekommen wäre,[23] hätte man mich aus der

Schule gejagt. – Schön wie der lichte Tag, und – o so naturgetreu!

MELCHIOR: Ich war letzten Sommer mit Mama in Frankfurt – – Du willst schon gehen, Moritz?

MORITZ: Arbeiten machen. – Gute Nacht.

MELCHIOR: Auf Wiedersehen.

DRITTE SZENE

Thea, Wendla und Martha kommen Arm in Arm die Straße herauf.

MARTHA: Wie einem das Wasser ins Schuhwerk dringt!

WENDLA: Wie einem der Wind um die Wangen saust!

THEA: Wie einem das Herz hämmert!

WENDLA: Gehn wir zur Brücke hinaus! Ilse sagte, der Fluß führe Sträucher und Bäume.[24] Die Jungens haben ein Floß auf dem Wasser. Melchi Gabor soll gestern abend beinah ertrunken sein.

THEA: O der kann schwimmen!

MARTHA: Das will ich meinen, Kind!

WENDLA: Wenn der nicht hätte schwimmen können, wäre er wohl sicher ertrunken!

THEA: Dein Zopf geht auf, Martha; dein Zopf geht auf!

MARTHA: Puh – laß ihn aufgehn! Er ärgert mich so Tag und Nacht. Kurze Haare tragen wie du darf ich nicht, das Haar offen tragen wie Wendla darf ich nicht, Ponyhaare tragen darf ich nicht, und zu Hause muß ich mir gar die Frisur machen – alles der Tanten wegen!

WENDLA: Ich bringe morgen eine Schere mit in die Religionsstunde. Während du „Wohl dem, der nicht wandelt"[25] rezitierst, werd ich ihn abschneiden.

MARTHA: Um Gottes willen, Wendla! Papa schlägt mich krumm,[26] und Mama sperrt mich drei Nächte ins Kohlenloch.

WENDLA: Womit schlägt er dich, Martha?

MARTHA: Manchmal ist es mir, es müßte ihnen doch etwas abgehen,[27] wenn sie keinen so schlecht gearteten Balg hätten wie ich.

THEA: Aber Mädchen!

MARTHA: Hast du dir nicht auch ein himmelblaues Band durch die Hemdpasse ziehen dürfen?

THEA: Rosa Atlas! Mama behauptet, Rosa stehe mir[28] bei meinen pechschwarzen Augen.

MARTHA: Mir stand Blau reizend! – Mama riß mich am Zopf zum Bett heraus. So – fiel ich mit den Händen vorauf auf die Diele. – Mama betet nämlich Abend für Abend mit uns ....

WENDLA: Ich an deiner Stelle wäre ihnen längst in die Welt hinausgelaufen.

MARTHA: ... Da habe man's, worauf ich ausgehe![29] – Da habe man's ja! – Aber sie wolle schon sehen – o sie wolle noch sehen! – Meiner Mutter wenigstens solle ich einmal keine Vorwürfe machen können ...

THEA: Hu – Hu –

MARTHA: Kannst du dir denken, Thea, was Mama damit meinte?

THEA: Ich nicht. – Du, Wendla?

WENDLA: Ich hätte sie einfach gefragt.

MARTHA: Ich lag auf der Erde und schrie und heulte. Da kommt Papa. Ritsch[30] – das Hemd herunter. Ich zur Türe hinaus. Da habe man's! Ich wolle nun wohl so auf die Straße hinunter ...

WENDLA: Das ist doch gar nicht wahr, Martha.

MARTHA: Ich fror. Ich schloß auf.[31] Ich habe die ganze Nacht im Sack schlafen müssen.

THEA: Ich könnte meiner Lebtag[32] in keinem Sack schlafen!

WENDLA: Ich möchte ganz gern mal für dich in deinem Sack schlafen.

MARTHA: Wenn man nur nicht geschlagen wird.

THEA: Aber man erstickt doch darin!

MARTHA: Der Kopf bleibt frei. Unter dem Kinn wird zugebunden.

THEA: Und dann schlagen sie dich?

MARTHA: Nein. Nur wenn etwas Besonderes vorliegt.

WENDLA: Womit schlägt man dich, Martha?

MARTHA: Ach was – mit allerhand. – Hält es deine Mutter auch für unanständig, im Bett ein Stück Brot zu essen?

WENDLA: Nein, nein.

MARTHA: Ich glaube immer, sie haben doch ihre Freude – wenn sie auch nichts davon sagen. – Wenn ich einmal Kinder habe, ich lasse sie sie aufwachsen wie das Unkraut in unserem Blumengarten. Um das kümmert sich niemand, und es steht so hoch, so dicht – während die Rosen in den Beeten an ihren Stöcken mit jedem Sommer kümmerlicher blühn.

THEA: Wenn ich Kinder habe, kleid ich sie ganz in Rosa. Rosahüte, Rosakleidchen, Rosaschuhe. Nur die Strümpfe – die Strümpfe schwarz wie die Nacht! Wenn ich dann spazierengehe, laß ich sie vor mir hermarschieren. – Und du, Wendla?

WENDLA: Wißt ihr denn, ob ihr welche bekommt?

THEA: Warum sollten wir keine bekommen?

MARTHA: Tante Euphemia hat allerdings auch keine.

THEA: Gänschen! – weil sie nicht *verheiratet* ist.

WENDLA: Tante Bauer war dreimal verheiratet und hat nicht ein einziges.

MARTHA: Wenn du welche bekommst, Wendla, was möchtest du lieber, Knaben oder Mädchen?

WENDLA: Jungens! Jungens!

THEA: Ich auch Jungens!

MARTHA: Ich auch. Lieber zwanzig Jungens als drei Mädchen.

THEA: Mädchen sind langweilig!

MARTHA: Wenn ich nicht schon ein Mädchen geworden wäre, ich würde es heute gewiß nicht mehr.

WENDLA: Das ist, glaube ich, Geschmacksache, Martha! Ich freue mich jeden Tag, daß ich Mädchen bin. Glaub mir, ich wollte mit keinem Königssohn tauschen. – Darum möchte ich aber doch nur Buben!

THEA: Das ist doch Unsinn, lauter Unsinn, Wendla!

WENDLA: Aber ich bitte dich, Kind, es muß doch tausendmal erhebender sein, von einem Manne geliebt zu werden als von einem Mädchen!

THEA: Du wirst doch nicht behaupten wollen, Forstreferendar Pfälle liebe Melitta mehr als sie ihn!

WENDLA: Das will ich wohl, Thea! – Pfälle ist stolz. Pfälle ist stolz darauf, daß er Forstreferendar ist – denn Pfälle hat nichts. – Melitta ist *selig*, weil sie zehntausendmal mehr bekommt, als sie ist.

MARTHA: Bist du nicht stolz auf dich, Wendla?

WENDLA: Das wäre doch einfältig.

MARTHA: Wie wollt ich stolz sein an deiner Stelle.

THEA: Sieh doch nur, wie sie die Füße setzt – wie sie geradeaus schaut – wie sie sich hält, Martha! – Wenn das nicht Stolz ist!

WENDLA: Wozu nur?! Ich bin so glücklich, Mädchen zu sein; wenn ich kein Mädchen wär, brächt ich mich um, um das nächste Mal[33] . . .

(*Melchior geht vorüber und grüßt.*)

THEA: Er hat einen wundervollen Kopf.

MARTHA: So denke ich mir den jungen Alexander, als er zu Aristoteles in die Schule ging.[34]

THEA: Du lieber Gott, die griechische Geschichte! Ich weiß nur noch, wie Sokrates in der Tonne lag, als ihm Alexander den Eselsschatten verkaufte.[35]

WENDLA: Er soll der Drittbeste in seiner Klasse sein.

THEA: Professor Knochenbruch sagt, wenn er wollte, könnte er Primus sein.

MARTHA: Er hat eine schöne Stirne, aber sein Freund hat einen seelenvolleren Blick.

THEA: Moritz Stiefel? – Ist das eine Schlafmütze!

MARTHA: Ich habe mich immer ganz gut mit ihm unterhalten.

THEA: Er blamiert einen, wo man ihn trifft. Auf dem Kinderball bei Rilows bot er mir Pralinés an. Denke dir, Wendla, die waren weich und warm. Ist das nicht . . .? – Er sagte, er habe sie zu lang in der Hosentasche gehabt.

WENDLA: Denke dir, Melchi Gabor sagte mir damals, er glaube an nichts – nicht an Gott, nicht an ein Jenseits – an gar nichts mehr in dieser Welt.

VIERTE SZENE

Parkanlagen vor dem Gymnasium. – Melchior, Otto, Georg, Robert, Hänschen Rilow, Lämmermeier.

MELCHIOR: Kann mir einer von euch sagen, wo Moritz Stiefel steckt?[36]

GEORG: Dem kann's schlecht gehn![37] O dem kann's schlecht gehn!

OTTO: Der treibt's so lange, bis er noch mal ganz gehörig reinfliegt![38]

LÄMMERMEIER: Weiß der Kuckuck,[39] ich möchte in diesem Moment nicht in seiner Haut stecken!

ROBERT: Eine Frechheit! – Eine Unverschämtheit!

MELCHIOR: Wa – wa – was wißt ihr denn!

GEORG: Was wir wissen? – Na, ich sage dir . . .!

LÄMMERMEIER: Ich möchte nichts gesagt haben![40]

OTTO: Ich auch nicht – weiß Gott nicht!

MELCHIOR: Wenn ihr jetzt nicht sofort . . .

ROBERT: Kurz und gut, Moritz Stiefel ist ins *Konferenzzimmer* gedrungen.

MELCHIOR: Ins Konferenzzimmer . . .?

OTTO: Ins Konferenzzimmer! – Gleich nach Schluß der Lateinstunde.

GEORG: Er war der letzte; er blieb absichtlich zurück.

LÄMMERMEIER: Als ich um die Korridorecke bog, sah ich ihn die Tür öffnen.

MELCHIOR: Hol dich der . . .!

LÄMMERMEIER: Wenn nur ihn nicht der Teufel holt!

GEORG: Vermutlich hatte das Rektorat den Schlüssel nicht abgezogen.

ROBERT: Oder Moritz Stiefel führt einen Dietrich.

OTTO: Ihm wäre das zuzutrauen.

LÄMMERMEIER: Wenn's gut geht, bekommt er einen Sonntagnachmittag.

ROBERT: Nebst einer Bemerkung ins Zeugnis!

OTTO: Wenn er bei dieser Zensur[41] nicht ohnehin an die Luft fliegt.[42]

HÄNSCHEN RILOW: Da ist er!

MELCHIOR: Blaß wie ein Handtuch.

(Moritz kommt in äußerster Aufregung.)

LÄMMERMEIER: Moritz, Moritz, was du getan hast!

MORITZ: – – Nichts – – nichts – –

ROBERT: Du fieberst!

MORITZ: – vor Glück – vor Seligkeit – vor Herzensjubel –

OTTO: Du bist erwischt worden?!

MORITZ: Ich bin promoviert![43] – Melchior, ich bin promoviert: – O jetzt kann die Welt untergehn! – Ich bin promoviert! – Wer hätte geglaubt, daß ich promoviert werde! – Ich faß es noch nicht! – Zwanzigmal hab ich's gelesen! – Ich kann's nicht glauben – du großer Gott, es blieb! Es blieb! *Ich bin promoviert!* – (*Lächelnd.*) Ich weiß nicht – so sonderbar ist mir – der Boden dreht sich . . . Melchior, Melchior, wüßtest du, was ich durchgemacht!

HÄNSCHEN RILOW: Ich gratuliere, Moritz. – Sei nur froh, daß du so weggekommen![44]

MORITZ: Du weißt nicht, Hänschen, du ahnst nicht, was auf dem Spiel stand.[45] Seit drei Wochen schleiche ich an der Tür vorbei wie am Höllenschlund. Da sehe ich heute, sie ist angelehnt. Ich glaube, wenn

man mir eine Million geboten hätte – nichts, o nichts hätte mich zu
halten vermocht! – Ich stehe mitten im Zimmer – ich schlage das
Protokoll auf[46] – blättere – finde – – und während all der Zeit . . .
Mir schaudert –

MELCHIOR: . . . während all der Zeit?

MORITZ: Während all der Zeit steht die Tür hinter mir sperrangelweit
offen. – Wie ich heraus . . . wie ich die Treppe heruntergekommen,
weiß ich nicht.

HÄNSCHEN RILOW: – Wird Ernst Röbel auch promoviert?

MORITZ: O gewiß, Hänschen, gewiß! – Ernst Röbel wird gleichfalls
promoviert.

ROBERT: Dann mußt du schon nicht richtig gelesen haben. Die
Eselsbank abgerechnet[47] zählen wir mit dir und Röbel zusammen
einundsechzig, während oben das Klassenzimmer mehr als sechzig
nicht fassen kann.

MORITZ: Ich habe vollkommen richtig gelesen. Ernst Röbel wird so gut
versetzt wie ich – beide allerdings vorläufig nur *provisorisch*.
Während des ersten Quartals soll es sich dann herausstellen, wer dem
andern Platz zu machen hat. – Armer Röbel! – Weiß der Himmel,
mir ist um mich nicht mehr bange. Dazu habe ich diesmal zu tie
hinuntergeblickt.[48]

OTTO: Ich wette fünf Mark, daß du Platz machst.

MORITZ: Du hast ja nichts. Ich will dich nicht ausrauben. – Herrgott,
werd ich büffeln von heute an! – Jetzt kann ich's ja sagen – mögt ihr
daran glauben oder nicht – jetzt ist ja alles gleichgültig – ich – ich
weiß, wie wahr es ist: Wenn ich nicht promoviert worden wäre,
hätte ich mich erschossen.

ROBERT: Prahlhans!

GEORG: Der Hasenfuß!

OTTO: Dich hätte ich schießen sehen mögen!

LÄMMERMEIER: Eine Maulschelle drauf![49]

MELCHIOR (*gibt ihm eine*): – – Komm, Moritz. Gehn wir zum Förster-
haus!

GEORG: Glaubst du vielleicht an den Schnack?

MELCHIOR: Schert dich das?[50] – – Laß sie schwatzen, Moritz! Fort, nur
fort, zur Stadt hinaus!

(*Die Professoren Hungergurt und Knochenbruch gehen vorüber.*)

KNOCHENBRUCH: Mir unbegreiflich, verehrter Herr Kollega, wie sich

der beste meiner Schüler gerade zum allerschlechtesten so hinge-
zogen fühlen kann.

HUNGERGURT: Mir auch, verehrter Herr Kollega.

FÜNFTE SZENE

Sonniger Nachmittag. – Melchior und Wendla begegnen einander im Wald.

MELCHIOR: Bist du's wirklich, Wendla? – Was tust denn du so allein
hier oben? – Seit drei Stunden durchstreife ich den Wald die Kreuz
und Quer,[51] ohne daß mir eine Seele begegnet, und nun plötzlich
trittst du mir aus dem dichtesten Dickicht entgegen!

WENDLA: Ja, ich bin's.

MELCHIOR: Wenn ich dich nicht als Wendla Bergmann kennte, ich
hielte dich für eine Dryade, die aus den Zweigen gefallen.

WENDLA: Nein, nein, ich bin Wendla Bergmann. – Wo kommst denn
du her?

MELCHIOR: Ich gehe meinen Gedanken nach.

WENDLA: Ich suche Waldmeister. Mama will Maitrank bereiten.
Anfangs wollte sie selbst mitgehn, aber im letzten Augenblick kam
Tante Bauer noch, und die steigt nicht gern. – So bin ich denn allein
heraufgekommen.

MELCHIOR: Hast du deinen Waldmeister schon?

WENDLA: Den ganzen Korb voll. Drüben unter den Buchen steht er
dicht wie Mattenklee. – Jetzt sehe ich mich nämlich nach einem
Ausweg um. Ich scheine mich verirrt zu haben. Kannst du mir
vielleicht sagen, wieviel Uhr es ist?

MELCHIOR: Eben halb vier vorbei. – Wann erwartet man dich?

WENDLA: Ich glaubte, es wäre später. Ich lag eine ganze Weile am
Goldbach im Moose und habe geträumt. Die Zeit verging mir so
rasch; ich fürchtete, es wolle schon Abend werden.

MELCHIOR: Wenn man dich noch nicht erwartet, dann laß uns hier
noch ein wenig lagern. Unter der Eiche dort ist mein Lieblingsplätz-
chen. Wenn man den Kopf an den Stamm zurücklehnt und durch
die Äste in den Himmel starrt, wird man hypnotisiert. Der Boden
ist noch warm von der Morgensonne. – Schon seit Wochen wollte ich
dich etwas fragen, Wendla.

WENDLA: Aber vor fünf muß ich zu Hause sein.

MELCHIOR: Wir gehen dann zusammen. Ich nehme den Korb und wir schlagen den Weg durch die Runse ein, so sind wir in zehn Minuten schon auf der Brücke! – Wenn man so daliegt, die Stirn in die Hand gestützt, kommen einem die sonderbarsten Gedanken...

(*Beide lagern sich unter der Eiche.*)

WENDLA: Was wolltest du mich fragen, Melchior?

MELCHIOR: Ich habe gehört, Wendla, du gehest häufig zu armen Leuten. Du brächtest ihnen Essen, auch Kleider und Geld. Tust du das aus eigenem Antriebe oder schickt deine Mutter dich?

WENDLA: Meistens schickt mich die Mutter. Es sind arme Taglöhnerfamilien, die eine Unmenge Kinder haben. Oft findet der Mann keine Arbeit, dann frieren und hungern sie. Bei uns liegt aus früherer Zeit noch so mancherlei in Schränken und Kommoden, das nicht mehr gebraucht wird. Aber wie kommst du darauf?

MELCHIOR: Gehst du gern oder ungern, wenn deine Mutter dich so wohin schickt?

WENDLA: O für mein Leben gern! Wie kannst du fragen!

MELCHIOR: Aber die Kinder sind schmutzig, die Frauen sind krank, die Wohnungen strotzen von Unrat,[52] die Männer hassen dich, weil du nicht arbeitest...

WENDLA: Das ist nicht wahr, Melchior. Und wenn es wahr wäre, ich würde erst recht gehen!

MELCHIOR: Wieso erst recht, Wendla?

WENDLA: Ich würde erst recht hingehen. – Es würde mir noch viel mehr Freude bereiten, ihnen helfen zu können.

MELCHIOR: Du gehst also um deiner Freude willen zu den armen Leuten?

WENDLA: Ich gehe zu ihnen, weil sie arm sind.

MELCHIOR: Aber wenn es dir keine Freude wäre, würdest du nicht gehen?

WENDLA: Kann ich denn dafür, daß es mir Freude macht?

MELCHIOR: Und doch sollst du dafür in den Himmel kommen! – So ist es also richtig, was mir nun seit einem Monat keine Ruhe mehr läßt! – Kann der Geizige dafür, daß es ihm keine Freude macht, zu schmutzigen kranken Kindern zu gehen?

WENDLA: O dir würde es sicher die größte Freude sein!

MELCHIOR: Und doch soll er dafür des ewigen Todes sterben! – Ich
werde eine Abhandlung schreiben und sie Herrn Pastor Kahlbauch
einschicken. Er ist die Veranlassung. Was faselt er uns von Opferfreudigkeit! – Wenn er mir nicht antworten kann, gehe ich nicht
mehr in die Kinderlehre und lasse mich nicht konfirmieren.

WENDLA: Warum willst du deinen lieben Eltern den Kummer bereiten!
Laß dich doch konfirmieren; den Kopf kostet's doch nicht. Wenn
unsere schrecklichen weißen Kleider und eure Schlepphosen[53] nicht
wären, würde man sich vielleicht noch dafür begeistern können.

MELCHIOR: Es gibt keine Aufopferung! Es gibt keine Selbstlosigkeit! –
Ich sehe die Guten sich ihres Herzens freun, sehe die Schlechten beben
und stöhnen – ich sehe dich, Wendla Bergmann, deine Locken
schütteln und lachen, und mir wird so ernst dabei wie einem
Geächteten. – – Was hast du vorhin geträumt, Wendla, als du am
Goldbach im Grase lagst?

WENDLA: – – Dummheiten – Narreteien –

MELCHIOR: Mit offenen Augen?!

WENDLA: Mir träumte, ich wäre ein armes, armes Bettelkind, ich
würde früh fünf schon auf die Straße geschickt, ich müßte betteln
den ganzen langen Tag in Sturm und Wetter, unter hartherzigen,
rohen Menschen. Und käm ich abends nach Hause, zitternd vor
Hunger und Kälte, und hätte so viel Geld nicht, wie mein Vater
verlangt, dann würd ich geschlagen – geschlagen –

MELCHIOR: Das kenne ich, Wendla. Das hast du den albernen Kinder-
geschichten zu danken. Glaub mir, so brutale Menschen existieren
nicht mehr.

WENDLA: O doch, Melchior, du irrst. – Martha Bessel wird Abend für
Abend[54] geschlagen, daß man andern Tags[55] Striemen sieht. O was
die leiden muß! Siedendheiß wird es einem, wenn sie erzählt. Ich
bedaure sie so furchtbar, ich muß oft mitten in der Nacht in die
Kissen weinen. Seit Monaten denke ich darüber nach, wie man ihr
helfen kann. – Ich wollte mit Freuden einmal acht Tage an ihrer
Stelle sein.

MELCHIOR: Man sollte den Vater kurzweg verklagen. Dann würde
ihm das Kind weggenommen.

WENDLA: Ich, Melchior, bin in meinem Leben nie geschlagen worden –
nicht ein einziges Mal. Ich kann mir kaum denken, wie das tut,
geschlagen zu werden. Ich habe mich schon selber geschlagen, um

zu erfahren, wie einem dabei ums Herz wird. – Es muß ein grauen-
volles Gefühl sein.

MELCHIOR: Ich glaube nicht, daß je ein Kind dadurch besser wird.

WENDLA: Wodurch besser wird?

MELCHIOR: Daß man es schlägt.

WENDLA: – Mit dieser Gerte zum Beispiel! – Hu, ist die zäh und dünn.

MELCHIOR: Die zieht Blut![56]

WENDLA: Würdest du mich nicht einmal damit schlagen?

MELCHIOR: Wen?

WENDLA: Mich.

MELCHIOR: Was fällt dir ein![57] Wendla!

WENDLA: Was ist denn dabei?[58]

MELCHIOR: O sei ruhig! – Ich schlage dich nicht.

WENDLA: Wenn ich dir's doch erlaube!

MELCHIOR: Nie, Mädchen!

WENDLA: Aber wenn ich dich darum bitte, Melchior!

MELCHIOR: Bist du nicht bei Verstand?

WENDLA: Ich bin in meinem Leben nie geschlagen worden!

MELCHIOR: Wenn du um so etwas bitten kannst . . .!

WENDLA: – Bitte – bitte –

MELCHIOR: Ich will dich bitten lehren! – (Er schlägt sie.)

WENDLA: Ach Gott – ich spüre nicht das geringste!

MELCHIOR: Das glaub ich dir – – durch all deine Röcke durch . . .

WENDLA: So schlag mich doch an die Beine!

MELCHIOR: Wendla! – (Er schlägt sie stärker.)

WENDLA: Du streichelst mich ja! – Du streichelst mich!

MELCHIOR: Wart, Hexe, ich will dir den Satan austreiben! (Er wirft den
Stock beiseite und schlägt derart mit den Fäusten drein, daß sie in ein
fürchterliches Geschrei ausbricht. Er kehrt sich nicht daran,[59] sondern drischt
wie wütend auf sie los,[60] während ihm die dicken Tränen über die Wangen
rinnen. Plötzlich springt er empor, faßt sich mit beiden Händen an die
Schläfen und stürzt, aus tiefster Seele jammervoll aufschluchzend, in den
Wald hinein.)

ZWEITER AKT

ERSTE SZENE

Abend auf Melchiors Studierzimmer. Das Fenster steht offen, die Lampe brennt auf dem Tisch. – Melchior und Moritz auf dem Kanapee.

MORITZ: Jetzt bin ich wieder ganz munter, nur etwas aufgeregt. – Aber in der Griechischstunde habe ich doch geschlafen wie der besoffene Polyphem.[61] Nimmt mich wunder, daß mich der alte Zungenschlag nicht in die Ohren gezwickt. – Heut früh wäre ich um ein Haar noch zu spät gekommen. – Mein erster Gedanke beim Erwachen waren die Verba auf $\mu\iota$. – Himmel-Herrgott-Teufel-Donnerwetter, während des Frühstücks und den Weg entlang habe ich konjugiert, daß mir grün vor den Augen wurde. – Kurz nach drei muß ich abgeschnappt sein. Die Feder hat mir noch einen Klecks ins Buch gemacht. Die Lampe qualmte, als Mathilde mich weckte, in den Fliederbüschen unter dem Fenster zwitscherten die Amseln so lebensfroh – mir ward gleich wieder unsagbar melancholisch zumute.[62] Ich band mir den Kragen um und fuhr mit der Bürste durchs Haar. – – Aber man fühlt sich, wenn man seiner Natur etwas abgerungen!

MELCHIOR: Darf ich dir eine Zigarette drehen?

MORITZ: Danke, ich rauche nicht. – Wenn es nun nur so weiter geht! Ich will arbeiten und arbeiten, bis mir die Augen zum Kopf herausplatzen. – Ernst Röbel hat seit den Ferien schon sechsmal nichts gekonnt; dreimal im Griechischen, zweimal bei Knochenbruch; das letztemal in der Literaturgeschichte. Ich war erst fünfmal in der bedauernswerten Lage; und von heute ab kommt es überhaupt nicht mehr vor! – Röbel erschießt sich nicht. Röbel hat keine Eltern, die ihm ihr Alles opfern. Er kann, wann er will, Söldner, Cowboy oder Matrose werden.[63] Wenn *ich* durchfalle, rührt meinen Vater der Schlag,[64] und Mama kommt ins Irrenhaus. So was erlebt man nicht! – Vor dem Examen habe ich zu Gott gefleht, er möge mich

Consumptive

schwindsüchtig werden lassen, auf daß der Kelch ungenossen vorübergehe.[65] Er ging vorüber – wenngleich mir auch heute noch seine Aureole aus der Ferne entgegenleuchtet, daß ich Tag und Nacht den Blick nicht zu heben wage. – Aber nun ich die Stange erfaßt, werde ich mich auch hinaufschwingen. Dafür bürgt mir die unabänderliche Konsequenz, daß ich nicht stürze, ohne das Genick zu brechen.]

MELCHIOR: Das Leben ist von einer ungeahnten Gemeinheit. Ich hätte nicht übel Lust, mich in die Zweige zu hängen.[66] – Wo Mama mit dem Tee nur bleibt!

MORITZ: Dein Tee wird mir guttun, Melchior! Ich zittre nämlich. Ich fühle mich so eigentümlich vergeistert. Betaste mich bitte mal. Ich sehe – ich höre – ich fühle viel deutlicher – und doch alles so traumhaft – oh, so stimmungsvoll. – Wie sich dort im Mondschein der Garten dehnt, so still, so tief, als ging er ins Unendliche.[67] – Unter den Büschen treten umflorte Gestalten hervor, huschen in atemloser Geschäftigkeit über die Lichtungen und verschwinden im Halbdunkel. Mir scheint, unter dem Kastanienbaum soll eine Ratsversammlung gehalten werden. – Wollen wir nicht hinunter, Melchior?

MELCHIOR: Warten wir, bis wir Tee getrunken.

MORITZ: – Die Blätter flüstern so emsig. – Es ist, als hörte ich Großmutter selig die Geschichte von der „Königin ohne Kopf" erzählen. – Das war eine wunderschöne Königin, schön wie die Sonne, schöner als alle Mädchen im Land. Nur war sie leider ohne Kopf auf die Welt gekommen. Sie konnte nicht essen, nicht trinken, konnte nicht sehen, nicht lachen und auch nicht küssen. Sie vermochte sich mit ihrem Hofstaat nur durch ihre kleine weiche Hand zu verständigen. Mit den zierlichen Füßen strampelte sie Kriegserklärungen und Todesurteile. Da wurde sie eines Tages von einem Könige besiegt, der zufällig zwei Köpfe hatte, die sich das ganze Jahr in den Haaren lagen und dabei so aufgeregt disputierten, daß keiner den andern zu Wort kommen ließ. Der Oberhofzauberer nahm nun den kleineren der beiden und setzte ihn der Königin auf. Und siehe, er stand ihr vortrefflich. Darauf heiratete der König die Königin, und die beiden lagen einander nun nicht mehr in den Haaren, sondern küßten einander auf Stirn, auf Wangen und Mund und lebten noch lange lange Jahre glücklich und in Freuden . . .

Verwünschter Unsinn!⁶⁸ Seit den Ferien kommt mir die kopflose
Königin nicht aus dem Kopf. Wenn ich ein schönes Mädchen sehe,
seh ich es ohne Kopf – und erscheine mir dann plötzlich selber als
kopflose Königin . . . Möglich, daß mir noch mal einer aufgesetzt
wird.

(*Frau Gabor kommt mit dem dampfenden Tee, den sie vor Moritz und
Melchior auf den Tisch setzt.*)

FRAU GABOR: Hier, Kinder, laßt es euch munden. Guten Abend, Herr
Stiefel; wie geht es Ihnen?

MORITZ: Danke, Frau Gabor. – Ich belausche den Reigen dort unten.

FRAU GABOR: Sie sehen aber gar nicht gut aus. – Fühlen Sie sich nicht
wohl?

MORITZ: Es hat nichts zu sagen. Ich bin die letzten Abende etwas spät
zu Bett gekommen.

MELCHIOR: Denke dir, er hat die ganze Nacht durchgearbeitet.

FRAU GABOR: Sie sollten so etwas nicht tun, Herr Stiefel. Sie sollten
sich schonen. Bedenken Sie Ihre Gesundheit. Die Schule ersetzt
Ihnen die Gesundheit nicht. – Fleißig spazierengehn in der frischen
Luft! Das ist in Ihren Jahren mehr wert als ein korrektes Mittelhoch-
deutsch.⁶⁹

MORITZ: Ich werde fleißig spazierengehn. Sie haben recht. Man kann
auch während des Spazierengehens fleißig sein. Daß ich noch selbst
nicht auf den Gedanken gekommen! – Die schriftlichen Arbeiten⁷⁰
müßte ich immerhin zu Hause machen.

MELCHIOR: Das Schriftliche machst du bei mir; so wird es uns beiden
leichter. – Du weißt ja, Mama, daß Max von Trenk am Nervenfieber
darniederlag! – Heute mittag kommt Hänschen Rilow von Trenks
Totenbett zu Rektor Sonnenstich, um anzuzeigen, daß Trenk soeben
in seiner Gegenwart gestorben sei. – „So?" sagt Sonnenstich, „hast
du von letzter Woche her nicht noch zwei Stunden nachzusitzen? –
Hier ist der Zettel an den Pedell. Mach, daß die Sache endlich ins
reine kommt! Die ganze Klasse soll an der Beerdigung teilnehmen."
– Hänschen war wie gelähmt.

FRAU GABOR: Was hast du da für ein Buch, Melchior?

MELCHIOR: „Faust."⁷¹

FRAU GABOR: Hast du es schon gelesen?

MELCHIOR: Noch nicht zu Ende.

MORITZ: Wir sind gerade in der Walpurgisnacht.[72]

FRAU GABOR: Ich hätte an deiner Stelle noch ein, zwei Jahre damit gewartet.

MELCHIOR: Ich kenne kein Buch, Mama, in dem ich soviel Schönes gefunden. Warum hätte ich es nicht lesen sollen?

FRAU GABOR: – Weil du es nicht verstehst.

MELCHIOR: Das kannst du nicht wissen, Mama. Ich fühle sehr wohl, daß ich das Werk in seiner ganzen Erhabenheit zu erfassen noch nicht imstande bin . . .[73]

MORITZ: Wir lesen immer zu zweit;[74] das erleichtert das Verständnis außerordentlich!

FRAU GABOR: Du bist alt genug, Melchior, um wissen zu können, was dir zuträglich und was dir schädlich ist. Tu, was du vor dir verantworten kannst. Ich werde die erste sein, die es dankbar anerkennt, wenn du mir niemals Grund gibst, dir etwas vorenthalten zu müssen. – Ich wollte dich nur darauf aufmerksam machen, daß auch das Beste nachteilig wirken kann, wenn man noch die Reife nicht besitzt, um es richtig aufzunehmen. – Ich werde mein Vertrauen immer lieber in *dich* als in irgend beliebige erzieherische Maßregeln setzen. – – Wenn ihr noch etwas braucht, Kinder, dann komm herüber, Melchior, und rufe mich. Ich bin auf meinem Schlafzimmer. (*Ab.*)

MORITZ: – Deine Mama meinte die Geschichte mit Gretchen.

MELCHIOR: Haben wir uns auch nur einen Moment dabei aufgehalten!

MORITZ: Faust selber kann sich nicht kaltblütiger darüber hinweggesetzt haben!

MELCHIOR: Das Kunstwerk gipfelt doch schließlich nicht in dieser Schändlichkeit! – Faust könnte dem Mädchen die Heirat versprochen, könnte es daraufhin verlassen haben, er wäre in meinen Augen um kein Haar weniger strafbar. Gretchen könnte ja meinethalben an gebrochenem Herzen sterben. – Sieht man, wie jeder *darauf* immer gleich krampfhaft die Blicke richtet, man möchte glauben, die ganze Welt drehe sich um P . . . . und V . . . . !

MORITZ: Wenn ich aufrichtig sein soll, Melchior, so habe ich nämlich tatsächlich das Gefühl, seit ich deinen Aufsatz gelesen. – In den ersten Ferientagen fiel er mir vor die Füße. Ich hatte den Ploetz[75] in der Hand. – Ich verriegelte die Tür und durchflog die flimmernden Zeilen, wie eine aufgeschreckte Eule einen brennenden Wald durchfliegt – ich glaube, ich habe das meiste mit geschlossenen Augen gelesen. Wie eine Reihe dunkler Erinnerungen klangen mir deine Auseinandersetzungen ins Ohr, wie ein Lied, das einer als Kind einst fröhlich vor sich hin gesummt und das ihm, wie er eben im Sterben liegt, herzerschütternd aus dem Mund eines andern entgegentönt. – Am heftigsten zog mich in Mitleidenschaft,[76] was du vom Mädchen schreibst. Ich werde die Eindrücke nicht mehr los. Glaub mir, Melchior, Unrecht leiden zu müssen ist süßer, denn Unrecht tun! Unverschuldet ein so süßes Unrecht über sich ergehen lassen zu müssen, scheint mir der Inbegriff aller irdischen Seligkeit.

MELCHIOR: – Ich will meine Seligkeit nicht als Almosen!

MORITZ: Aber warum denn nicht?

MELCHIOR: Ich *will* nichts, was ich mir nicht habe erkämpfen müssen!

MORITZ: Ist dann das noch Genuß, Melchior?! – Das Mädchen, Melchior, genießt wie die seligen Götter. Das Mädchen wehrt sich dank seiner Veranlagung. Es hält sich bis zum letzten Augenblick von jeder Bitternis frei, um mit einem Male alle Himmel über sich hereinbrechen zu sehen. Das Mädchen fürchtet die Hölle noch in dem Moment, da es ein erblühendes Paradies wahrnimmt. Sein Empfinden ist so frisch wie der Quell, der dem Fels entspringt. Das Mädchen ergreift einen Pokal, über den noch kein irdischer Hauch geweht, einen Nektarkelch, dessen Inhalt es, wie er flammt und flackert, hinunterschlingt ... Die Befriedigung, die der Mann dabei findet, denke ich mir schal und abgestanden.

MELCHIOR: Denke sie dir, wie du magst, aber behalte sie für dich. – Ich denke sie mir nicht gern ...

ZWEITE SZENE

Wohnzimmer.

FRAU BERGMANN (*den Hut auf, die Mantille um, einen Korb am Arm, mit strahlendem Gesicht durch die Mitteltür eintretend*): Wendla! – Wendla!

WENDLA (*erscheint in Unterröckchen und Korsett in der Seitentüre rechts*): Was gibt's, Mutter?

FRAU BERGMANN: Du bist schon auf, Kind? – Sieh, das ist schön von dir!

WENDLA: Du warst schon ausgegangen?

FRAU BERGMANN: Zieh dich nun nur flink an! – Du mußt gleich zu *Ina* hinunter, du mußt ihr den Korb da bringen!

WENDLA (*sich während des folgenden vollends ankleidend*): Du warst bei Ina? – Wie geht es Ina? – Will's noch immer nicht bessern?

FRAU BERGMANN: Denk dir, Wendla, diese Nacht war der Storch bei ihr und hat ihr einen kleinen Jungen gebracht.

WENDLA: Einen Jungen? – Einen Jungen! – O das ist herrlich – – Deshalb die langwierige Influenza!

FRAU BERGMANN: Einen prächtigen Jungen!

WENDLA: Den muß ich sehen, Mutter! – So bin ich nun zum dritten Male Tante geworden[77] – Tante von einem Mädchen und zwei Jungens!

FRAU BERGMANN: Und was für Jungens! – So geht's eben, wenn man so dicht beim Kirchendach wohnt! – Morgen sind's erst zwei Jahr, daß sie in ihrem Mullkleid die Stufen hinanstieg.

WENDLA: Warst du dabei, als er ihn brachte?

FRAU BERGMANN: Er war eben wieder fortgeflogen. – Willst du dir nicht eine Rose vorstecken?

WENDLA: Warum kamst du nicht etwas früher hin, Mutter?

FRAU BERGMANN: Ich glaube aber beinahe, er hat dir auch etwas mitgebracht – eine Brosche oder was.

WENDLA: Es ist wirklich schade!

FRAU BERGMANN: Ich sage dir ja, daß er dir eine Brosche mitgebracht hat!

WENDLA: Ich habe Broschen genug . . .

FRAU BERGMANN: Dann sei auch zufrieden, Kind. Was willst du denn noch?

WENDLA: Ich hätte so furchtbar gerne gewußt, ob er durchs Fenster oder durch den Schornstein geflogen kam.

FRAU BERGMANN: Da mußt du Ina fragen. Ha, das mußt du Ina fragen, liebes Herz! Ina sagt dir das ganz genau. Ina hat ja eine ganze halbe Stunde mit ihm gesprochen.

WENDLA: Ich werde Ina fragen, wenn ich hinunterkomme.

FRAU BERGMANN: Aber ja nicht vergessen, du süßes Engelsgeschöpf! Es interessiert mich wirklich selbst, zu wissen, ob er durchs Fenster oder durch den Schornstein kam.

WENDLA: Oder soll ich nicht lieber den Schornsteinfeger fragen? –

Der Schornsteinfeger muß es doch am besten wissen, ob er durch den Schornstein fliegt oder nicht.

FRAU BERGMANN: Nicht den Schornsteinfeger, Kind; nicht den Schornsteinfeger. Was weiß der Schornsteinfeger vom Storch! – Der schwatzt dir allerhand dummes Zeug vor, an das er selbst nicht glaubt . . . Wa– was glotzt du so auf die Straße hinunter??

WENDLA: Ein Mann, Mutter – dreimal so groß wie ein Ochse![78] – mit Füßen wie Dampfschiffe . . .!

FRAU BERGMANN (ans Fenster stürzend): Nicht möglich! – Nicht möglich! –

WENDLA (zugleich): Eine Bettlade hält er unterm Kinn, fiedelt die Wacht am Rhein[79] drauf – – eben biegt er um die Ecke . . .

FRAU BERGMANN: Du bist und bleibst doch ein Kindskopf! – Deine alte einfältige Mutter so in Schrecken jagen! – Geh, nimm deinen Hut. Nimmt mich wunder, wann bei dir einmal der Verstand kommt. – Ich habe die Hoffnung aufgegeben.

WENDLA: Ich auch, Mütterchen, ich auch. – Um meinen Verstand ist es ein traurig Ding. – Hab ich nun eine Schwester, die ist seit zwei und einem halben Jahre verheiratet, und ich selber bin zum dritten Male Tante geworden und habe gar keinen Begriff, wie das alles zugeht[80] . . . Nicht böse werden, Mütterchen; nicht böse werden! Wen in der Welt soll ich denn fragen als dich! Bitte, liebe Mutter, sag es mir! Sag's mir, geliebtes Mütterchen! Ich schäme mich vor mir selber. Ich bitte dich, Mutter, sprich! Schilt mich nicht, daß ich so etwas frage. Gib mir Antwort – wie geht es zu? – wie kommt das alles? – Du kannst doch im Ernst nicht verlangen, daß ich bei meinen vierzehn Jahren noch an den Storch glaube.

FRAU BERGMANN: Aber du großer Gott, Kind, wie bist du sonderbar! – Was du für Einfälle hast! – Das kann ich ja doch wahrhaftig nicht!

WENDLA: Warum denn nicht, Mutter! – Warum denn nicht! – Es kann ja doch nichts Häßliches sein, wenn sich alles darüber freut!

FRAU BERGMANN: O – o Gott behüte mich! – Ich verdiente ja . . . Geh, zieh dich an, Mädchen; zieh dich an!

WENDLA: Ich gehe, . . . Und wenn dein Kind nun hingeht und fragt den Schornsteinfeger?

FRAU BERGMANN: Aber das ist ja zum Närrischwerden! – Komm Kind, komm her, ich sag es dir! Ich sage dir alles . . . O du grundgütige Allmacht![81] – nur heute nicht, Wendla! – Morgen, übermorgen, kommende Woche ... wann du nur immer willst, liebes Herz ...

WENDLA: Sag es mir heute, Mutter; sag es mir jetzt! Jetzt gleich! – Nun ich dich so entsetzt gesehen, kann ich erst recht nicht eher wieder ruhig werden.

FRAU BERGMANN: – Ich kann nicht, Wendla.

WENDLA: Oh, warum kannst du nicht, Mütterchen! – Hier knie ich zu deinen Füßen und lege dir meinen Kopf in den Schoß. Du deckst mir deine Schürze über den Kopf und erzählst und erzählst, als wärst du mutterseelenallein im Zimmer. Ich will nicht zucken; ich will nicht schreien; ich will geduldig ausharren, was immer kommen mag.

FRAU BERGMANN: – Der Himmel weiß, Wendla, daß ich nicht die Schuld trage! Der Himmel kennt mich! – Komm in Gottes Namen! – Ich will dir erzählen, Mädchen, wie du in diese Welt hineingekommen. – So hör mich an, Wendla ...

WENDLA (*unter ihrer Schürze*): Ich höre.

FRAU BERGMANN (*ekstatisch*): – Aber es geht ja nicht, Kind! – Ich kann es ja nicht verantworten. – Ich verdiene ja, daß man mich ins Gefängnis setzt – daß man dich von mir nimmt ...

WENDLA (*unter ihrer Schürze*): Faß dir ein Herz, Mutter!

FRAU BERGMANN: So höre denn ...!

WENDLA (*unter ihrer Schürze, zitternd*): O Gott, o Gott!

FRAU BERGMANN: Um ein Kind zu bekommen – du verstehst mich, Wendla?

WENDLA: Rasch, Mutter – ich halt's nicht mehr aus.

FRAU BERGMANN: – Um ein Kind zu bekommen – muß man den Mann – mit dem man verheiratet ist ... *lieben* – *lieben* sag ich dir – wie man nur einen Mann lieben kann! Man muß ihn so sehr *von ganzem Herzen* lieben, wie – wie sich's nicht sagen läßt! Man muß ihn *lieben*, Wendla, wie du in deinen Jahren noch gar nicht lieben kannst ... Jetzt weißt du's.

WENDLA (*sich erhebend*): Großer – Gott – im Himmel!

FRAU BERGMANN: Jetzt weißt du, welche Prüfungen dir bevorstehen!

WENDLA: – Und das ist alles?

FRAU BERGMANN: So wahr mir Gott helfe! – – Nimm nun den Korb da und geh zu Ina hinunter. Du bekommst dort Schokolade und Kuchen dazu. – Komm, laß dich noch einmal betrachten – die Schnürstiefel, die seidenen Handschuhe, die Matrosentaille, die

Rosen im Haar . . . dein Röckchen wird dir aber wahrhaftig nachgerade zu kurz, Wendla!

WENDLA: Hast du für Mittag schon Fleisch gebracht, Mütterchen?

FRAU BERGMANN: Der liebe Gott behüte dich und segne dich! – Ich
werde dir gelegentlich eine Handbreit Volants unten ansetzen.

DRITTE SZENE

HÄNSCHEN RILOW (*ein Licht in der Hand, verriegelt die Tür hinter sich und
öffnet den Deckel*): Hast du zu Nacht gebetet, Desdemona?[82] (*Er zieht
eine Reproduktion der Venus von Palma Vecchio*[83] *aus dem Busen.*) Du
siehst mir nicht nach Vaterunser aus, Holde – kontemplativ des
Kommenden gewärtig, wie in dem süßen Augenblick aufkeimender
Glückseligkeit, als ich dich bei Jonathan Schlesinger im Schaufenster
liegen sah – ebenso berückend noch diese geschmeidigen Glieder,
diese sanfte Wölbung der Hüften, diese jugendlich straffen Brüste –
oh, wie berauscht von Glück muß der große Meister gewesen sein,
als das vierzehnjährige Original vor seinen Blicken hingestreckt auf
dem Diwan lag!

Wirst du mich auch bisweilen im Traum besuchen? – Mit ausge-
breiteten Armen empfang ich dich und will dich küssen, daß dir der
Atem ausgeht. Du ziehst bei mir ein wie die angestammte Herrin[84]
in ihr verödetes Schloß. Tor und Türen öffnen sich von unsichtbarer
Hand, während der Springquell unten im Parke fröhlich zu plätschern
beginnt . . .

Die Sache will's![85] – Die Sache will's! – Daß ich nicht aus frivoler
Regung morde, sagt dir das fürchterliche Pochen in meiner Brust.
Die Kehle schnürt sich mir zu[86] im Gedanken an meine einsamen
Nächte. Ich schwöre dir bei meiner Seele, Kind, daß nicht Überdruß
mich beherrscht. Wer wollte sich rühmen, deiner überdrüssig
geworden zu sein!

Aber du saugst mir das Mark aus den Knochen, du krümmst mir
den Rücken, du raubst meinen jungen Augen den letzten Glanz. –
Du bist mir zu anspruchsvoll in deiner unmenschlichen Bescheiden-
heit, zu aufreibend mit deinen unbeweglichen Gliedmaßen! – Du
oder ich! und ich habe den Sieg davongetragen.

Wenn ich sie herzählen wollte – all die Entschlafenen, mit denen ich hier den nämlichen Kampf gekämpft! –: Psyche von *Thumann*[87]– noch ein Vermächtnis der spindeldürren Mademoiselle *Angélique*, dieser Klapperschlange im Paradies meiner Kinderjahre; Jo von *Correggio*[88]; Galathea von *Lossow*; dann ein Amor von *Bouguereau*; Ada von J. *van Beers*[89] – diese Ada, die ich Papa aus einem Geheimfach seines Sekretärs entführen mußte, um sie meinem Harem einzuverleiben; eine zitternde, zuckende Leda von *Makart*,[90] die ich zufällig unter den Kollegienheften meines Bruders fand – *sieben*, du blühende Todeskandidatin, sind dir vorangeeilt[91] auf diesem Pfad in den Tartarus! Laß dir das zum Troste gereichen und suche nicht durch diese flehentlichen Blicke noch meine Qualen ins Ungeheure zu steigern.

Du stirbst nicht um *deiner*, du stirbst um *meiner* Sünden willen! – Aus Notwehr gegen mich begehe ich blutenden Herzens den siebenten Gattenmord. Es liegt etwas Tragisches in der Rolle des *Blaubart*. Ich glaube, seine gemordeten Frauen insgesamt litten nicht soviel wie er beim Erwürgen jeder einzelnen.

Aber mein Gewissen wird ruhiger werden, mein Leib wird sich kräftigen, wenn du Teufelin nicht mehr in den rotseidenen Polstern meines Schmuckkästchens residierst. Statt deiner lasse ich dann die Lurlei von *Bodenhausen* oder die Verlassene von *Linger*[89] oder die Loni von *Defregger*[92] in das üppige Lustgemach einziehen – so werde ich mich um so rascher erholt haben! Noch ein Vierteljährchen vielleicht, und dein entschleiertes Josaphat, süße Seele, hätte an meinem armen Hirn zu zehren begonnen wie die Sonne am Butterkloß. Es war hohe Zeit, die Trennung von Tisch und Bett zu erwirken.

Brr, ich fühle einen Heliogabalus[93] in mir! Moritura me salutat![94] – Mädchen, Mädchen, warum preßt du deine Knie zusammen? – warum auch jetzt noch? – – angesichts der unerforschlichen Ewigkeit?? – *Eine* Zuckung, und ich gebe dich frei! – *Eine* weibliche Regung, *ein* Zeichen von Lüsternheit, von Sympathie, Mädchen! – ich will dich in Gold rahmen lassen, dich über meinem Bett aufhängen! – Ahnst du denn nicht, daß nur deine *Keuschheit* meine Ausschweifungen gebiert? – Wehe, wehe über die Unmenschlichen!

. . . Man merkt eben immer, daß sie eine musterhafte Erziehung genossen hat. – *Mir geht es ja ebenso.*

Hast du zu Nacht gebetet, Desdemona?

Das Herz krampft sich mir zusammen – – Unsinn! – Auch die heilige *Agnes*[95] starb um ihrer Zurückhaltung willen und war nicht halb so nackt wie du! – Einen Kuß noch auf deinen blühenden Leib, deine kindlich schwellende Brust – deine süßgerundeten – deine grausamen Knie ...

Die Sache will's, die Sache will's, mein Herz!

Laßt sie mich euch nicht nennen, keusche Sterne!

Die Sache will's! –

(Das Bild fällt in die Tiefe; er schließt den Deckel.)

VIERTE SZENE

Ein Heuboden. – Melchior liegt auf dem Rücken im frischen Heu. Wendla kommt die Leiter herauf.

WENDLA: *Hier* has du dich verkrochen? – Alles sucht dich. Der Wagen ist wieder hinaus. Du mußt helfen. Es ist ein Gewitter im Anzug.[96]

MELCHIOR: Weg von mir! – Weg von mir!

WENDLA: Was ist dir denn? – Was verbirgst du dein Gesicht?

MELCHIOR: Fort, fort! – Ich werfe dich die Tenne hinunter.

WENDLA: Nun geh ich erst recht nicht. – *(Kniet neben ihm nieder.)* Warum kommst du nicht mit auf die Matte hinaus, Melchior? – Hier ist es schwül und düster. Werden wir auch naß bis auf die Haut, was macht *uns* das!

MELCHIOR: Das Heu duftet so herrlich. – Der Himmel draußen muß schwarz wie ein Bahrtuch sein. – Ich sehe nur noch den leuchtenden Mohn an deiner Brust – und dein Herz hör ich schlagen –

WENDLA: – – Nicht küssen, Melchior! – Nicht küssen!

MELCHIOR: – Dein Herz – hör ich schlagen –

WENDLA: – Man liebt sich – wenn man küßt – – – – – Nicht, nicht! – –

MELCHIOR: O glaub mir, es gibt keine *Liebe*! – Alles Eigennutz, alles Egoismus! – Ich liebe dich so wenig, wie du mich liebst. –

WENDLA: – – Nicht! – – – – – – – – Nicht, Melchior! – –

MELCHIOR: – – – WENDLA!

WENDLA: O Melchior! – – – – – – – nicht – – nicht – –

FÜNFTE SZENE

FRAU GABOR (*sitzt, schreibt*):
Lieber Herr Stiefel!

Nachdem ich vierundzwanzig Stunden über alles, was Sie mir
schreiben, nachgedacht und wieder nachgedacht, ergreife ich
schweren Herzens die Feder. Den Betrag zur Überfahrt nach
Amerika kann ich Ihnen – ich gebe Ihnen meine heiligste Versicherung – *nicht* verschaffen. Erstens habe ich so viel nicht zu meiner
Verfügung, und zweitens, wenn ich es hätte, wäre es die denkbar
größte Sünde, Ihnen die Mittel zur Ausführung einer so folgen-
schweren Unbedachtsamkeit an die Hand zu geben. Bitter Unrecht
würden Sie mir tun, Herr Stiefel, in dieser Weigerung ein Zeichen
mangelnder Liebe zu erblicken. Es wäre umgekehrt die gröbste
Verletzung meiner Pflicht als mütterliche Freundin, wollte ich mich
durch Ihre momentane Fassungslosigkeit dazu bestimmen lassen,[97]
nun auch meinerseits den Kopf zu verlieren und meinen ersten
nächstliegenden Impulsen blindlings nachzugeben. Ich bin gern
bereit – falls Sie es wünschen – an Ihre Eltern zu schreiben. Ich werde
Ihre Eltern davon zu überzeugen suchen, daß Sie im Laufe dieses
Quartals getan haben, was Sie tun konnten, daß Sie Ihre Kräfte
erschöpft, derart, daß eine rigorose Beurteilung Ihres Geschickes
nicht nur ungerechtfertigt wäre, sondern in erster Linie im höchsten
Grade nachteilig auf Ihren geistigen und körperlichen Gesundheits-
zustand wirken könnte.

Daß Sie mir andeutungsweise drohen, im Fall Ihnen die Flucht
nicht ermöglicht wird, sich das Leben nehmen zu wollen, hat mich,
offen gesagt, Herr Stiefel, etwas befremdet. Sei ein Unglück noch so
unverschuldet, man sollte sich nie und nimmer zur Wahl unlauterer
Mittel hinreißen lassen. Die Art und Weise, wie Sie mich, die ich
Ihnen stets nur Gutes erwiesen, für einen eventuellen entsetzlichen
Frevel Ihrerseits verantwortlich machen wollen, hat etwas, das in
den Augen eines *schlecht* denkenden Menschen gar zu leicht zum
Erpressungsversuch werden könnte. Ich muß gestehen, daß ich mir
dieses Vorgehens von Ihnen, der Sie doch sonst so gut wissen, was
man sich selber schuldet, zuallerletzt gewärtig gewesen wäre.

Indessen hege ich die feste Überzeugung, daß Sie noch zu sehr unter dem Eindruck des ersten Schreckens standen, um sich Ihrer Handlungsweise vollkommen bewußt werden zu können.

Und so hoffe ich denn auch zuversichtlich, daß diese meine Worte Sie bereits in gefaßterer Gemütsstimmung antreffen. Nehmen Sie die Sache, wie sie liegt. Es ist meiner Ansicht nach durchaus unzulässig, einen jungen Mann nach seinen Schulzeugnissen zu beurteilen. Wir haben zu viele Beispiele, daß sehr schlechte Schüler vorzügliche Menschen geworden und umgekehrt ausgezeichnete Schüler sich im Leben nicht sonderlich bewährt haben. Auf jeden Fall gebe ich Ihnen die Versicherung, daß Ihr Mißgeschick, soweit das von mir abhängt, in Ihrem Verkehr mit *Melchior* nichts ändern soll. Es wird mir stets zur Freude gereichen,[98] meinen Sohn mit einem jungen Manne umgehn zu sehn, der sich, mag ihn nun die Welt beurteilen wie sie will, auch meine vollste Sympathie zu gewinnen vermochte.

Und somit Kopf hoch, Herr Stiefel! – Solche Krisen dieser oder jener Art treten an jeden von uns heran, und wollen eben überstanden sein. Wollte da ein jeder gleich zu Dolch und Gift greifen, es möchte recht bald keine Menschen mehr auf der Welt geben. Lassen Sie bald wieder etwas von sich hören und seien Sie herzlich gegrüßt von Ihrer Ihnen unverändert zugetanen

mütterlichen Freundin
Fanny G.

SECHSTE SZENE

Bergmanns Garten im Morgensonnenglanz.

WENDLA: Warum hast du dich aus der Stube geschlichen? – Veilchen suchen! – Weil mich Mutter lächeln sieht. – Warum bringst du auch die Lippen nicht mehr zusammen? – Ich weiß nicht. – Ich weiß es ja nicht, ich finde nicht Worte . . .

Der Weg ist wie ein Pelüchteppich – kein Steinchen, kein Dorn. – Meine Füße berühren den Boden nicht . . . Oh, wie ich die Nacht geschlummert habe!

Hier standen sie. – Mir wird ernsthaft wie einer Nonne beim
Abendmahl. – Süße Veilchen! – Ruhig, Mütterchen. Ich will mein
Bußgewand anziehn. – Ach Gott, wenn jemand käme, dem ich um
den Hals fallen und erzählen könnte!

SIEBENTE SZENE

Abenddämmerung. Der Himmel ist leicht bewölkt, der Weg schlängelt sich
durch niedres Gebüsch und Riedgras. In einiger Entfernung hört man den
Fluß rauschen.

MORITZ: Besser ist besser. – Ich passe nicht hinein. Mögen sie einander
auf die Köpfe steigen. – Ich ziehe die Tür hinter mir zu und trete ins
Freie. – Ich gebe nicht so viel darum, mich herumdrücken zu lassen.
   Ich habe mich nicht aufgedrängt. Was soll ich mich jetzt aufdrängen! – Ich habe keinen Vertrag mit dem lieben Gott. Mag man
die Sache drehen, wie man sie drehen will. Man hat mich gepreßt. –
Meine Eltern mache ich nicht verantwortlich. Immerhin mußten sie
auf das Schlimmste gefaßt sein.[99] Sie waren alt genug, um zu wissen,
was sie taten. Ich war ein Säugling, als ich zur Welt kam – sonst wär
ich wohl auch noch so schlau gewesen, ein anderer zu werden. – Was
soll ich dafür büßen, daß alle andern schon da waren!
   Ich müßte ja auf den Kopf gefallen sein[100] . . . macht mir jemand
einen tollen Hund zum Geschenk, dann gebe ich ihm seinen tollen
Hund zurück. Und will er seinen tollen Hund nicht zurücknehmen,
dann bin ich menschlich und . . .
   Ich müßte ja auf den Kopf gefallen sein!
   Man wird ganz per Zufall geboren und sollte nicht nach reiflich-
ster Überlegung – – – es ist zum Totschießen![101] – Das Wetter zeigte
sich wenigstens rücksichtsvoll. Den ganzen Tag sah es nach Regen aus
und nun hat es sich doch gehalten. – Es herrscht eine seltene Ruhe in
der Natur. Nirgends etwas Grelles, Aufreizendes. Himmel und
Erde sind wie durchsichtiges Spinnewebe. Und dabei scheint sich
alles so wohl zu fühlen. Die Landschaft ist lieblich wie eine Schlum-
mermelodie – *„schlafe, mein Prinzchen, schlaf ein“*,[102] wie Fräulein

Snandulia[103] sang. Schade, daß sie die Ellbogen ungraziös hält! –
Am Cäcilienfest habe ich zum letzten Male getanzt. *Snandulia* tanzt
nur mit Partien.[104] Ihre Seidenrobe war hinten und vorn ausgeschnitten. Hinten bis auf den Taillengürtel und vorne bis zur Bewußtlosigkeit.[105] – Ein Hemd kann sie nicht angehabt haben . . .
– – – – – – – – – – – – – – – – – – Das wäre etwas, was mich noch
fesseln könnte. – Mehr der Kuriosität halber. – Es muß ein sonderbares Empfinden sein – – ein Gefühl, als würde man über Strom-
schnellen gerissen – – – Ich werde es niemandem sagen, daß ich
unverrichtetersache wiederkehre. Ich werde so tun, als hätte ich alles
das mitgemacht . . . Es hat etwas Beschämendes, Mensch gewesen zu
sein, ohne das Menschlichste kennengelernt zu haben. – Sie kommen
aus *Ägypten*, verehrter Herr, und haben die *Pyramiden* nicht
gesehn?![106]
     Ich will heute nicht wieder weinen. Ich will nicht wieder an mein
Begräbnis denken – – *Melchior* wird mir einen Kranz auf den Sarg
legen. Pastor *Kahlbauch* wird meine Eltern trösten. Rektor *Sonnenstich* wird Beispiele aus der Geschichte zitieren. – Einen Grabstein
werd ich wahrscheinlich nicht bekommen. Ich hätte mir eine
schneeweiße Marmorurne auf schwarzem Syenitsockel[107] gewünscht
– ich werde sie ja gottlob nicht vermissen. Die Denkmäler sind für die
Lebenden, nicht für die Toten.
     Ich brauchte wohl ein Jahr,[108] um in Gedanken von allen Abschied
zu nehmen. Ich will nicht wieder weinen. Ich bin froh, ohne
Bitterkeit zurückblicken zu dürfen. Wie manchen schönen Abend
ich mit *Melchior* verlebt habe! – unter den Uferweiden; beim
Forsthaus; am Heerweg draußen, wo die fünf Linden stehen; auf dem
Schloßberg, zwischen den lauschigen Trümmern der Runenburg.
– – – Wenn die Stunde gekommen, will ich aus Leibeskräften[109] an
Schlagsahne denken. Schlagsahne hält nicht auf. Sie stopft und
hinterläßt dabei doch einen angenehmen Nachgeschmack . . . Auch
die Menschen hatte ich mir unendlich schlimmer gedacht. Ich habe
keinen gefunden, der nicht sein Bestes gewollt hätte. Ich habe
manchen bemitleidet um meinetwillen. Ich wandle zum Altar wie
der Jüngling im alten Etrurien, dessen letztes Röcheln der Brüder
Wohlergehen für das kommende Jahr erkauft.[110] – Ich durchkoste
Zug für Zug die geheimnisvollen Schauer der Loslösung. Ich schluchze
vor Wehmut über mein Los. – – Das Leben hat mir die kalte

Schulter gezeigt. Von drüben her sehe ich ernste freundliche Blicke winken: die kopflose Königin, die kopflose Königin – Mitgefühl, mich mit weichen Armen erwartend . . . Eure Gebote gelten für Unmündige; ich trage mein Freibillet[111] in mir. Sinkt die Schale, dann flattert der Falter davon;[112] das Trugbild geniert nicht mehr. – Ihr solltet kein tolles Spiel mit dem Schwindel treiben! Der Nebel zerrinnt; das Leben ist Geschmacksache.

ILSE (*in abgerissenen Kleidern, ein buntes Tuch um den Kopf, faßt ihn von rückwärts an der Schulter*): Was hast du verloren?

MORITZ: Ilse?!

ILSE: Was suchst du hier?

MORITZ: Was erschreckst du mich so?

ILSE: Was suchst du? – Was hast du verloren?

MORITZ: Was erschreckst du mich denn so entsetzlich?

ILSE: Ich komme aus der Stadt. Ich gehe nach Hause.

MORITZ: Ich weiß nicht, was ich verloren habe.

ILSE: Dann hilft auch dein Suchen nichts.

MORITZ: Sakerment, Sakerment!!

ILSE: Seit vier Tagen bin ich nicht zu Hause gewesen.

MORITZ: – Lautlos wie eine Katze!

ILSE: Weil ich meine Ballschuhe anhabe. – Mutter wird Augen machen! – Komm bis an unser Haus mit!

MORITZ: Wo hast du wieder herumgestrolcht?

ILSE: In der *Priapia*![113]

MORITZ: *Priapia!*

ILSE: Bei *Nohl*, bei *Fehrendorf*, bei *Padinsky*,[114] bei *Lenz*, *Rank*, *Spühler* – bei allen möglichen! – Kling, kling – die wird springen![115]

MORITZ: Malen sie dich?

ILSE: *Fehrendorf* malt mich als Säulenheilige. Ich stehe auf einem korinthischen Kapitäl. *Fehrendorf*, sag ich dir, ist eine verhauene Nudel.[116] Das letzte Mal zertrat ich ihm eine Tube. Er wischt mir die Pinsel ins Haar. Ich versetze ihm eine Ohrfeige. Er wirft mir die Palette an den Kopf. Ich werfe die Staffelei um. Er mit dem Malstock hinter mir drein über Diwan, Tische, Stühle, ringsum durchs Atelier. Hinterm Ofen lag eine Skizze: Brav sein, oder ich zerreiße sie! – Er schwor Amnestie und hat mich dann schließlich noch schrecklich – schrecklich, sag ich dir – abgeküßt.

MORITZ: Wo übernachtest du, wenn du in der Stadt bleibst?

ILSE: Gestern waren wir bei *Nohl* – vorgestern bei *Bojokewitsch* – am Sonntag bei *Oikonomopulos.* Bei *Padinsky* gab's Sekt. *Valabregez* hatte seinen Pestkranken verkauft. *Adolar* trank aus dem Aschenbecher. *Lenz* sang die *Kindesmörderin,* und *Adolar* schlug die Gitarre krumm. Ich war so betrunken, daß sie mich zu Bett bringen mußten. – – Du gehst immer noch zur Schule, Moritz?

MORITZ: Nein, nein . . . dieses Quartal nehme ich meine Entlassung.[117]

ILSE: Du hast recht. Ach, wie die Zeit vergeht, wenn man Geld verdient! – Weißt du noch, wie wir *Räuber* spielten?[118]– *Wendla Bergmann* und du und ich und die andern, wenn ihr abends herauskamt und kuhwarme Ziegenmilch bei uns trankt? – Was macht *Wendla*? Ich sah sie noch bei der Überschwemmung. – Was macht *Melchi Gabor*? – Schaut er noch so tiefsinnig drein? – In der Singstunde standen wir einander gegenüber.

MORITZ: Er philosophiert.

ILSE: *Wendla* war derweil bei uns und hat der Mutter Eingemachtes gebracht. Ich saß den Tag bei Isidor Landauer. Er braucht mich zur heiligen Maria, Mutter Gottes, mit dem Christuskind. Er ist ein Tropf und widerlich. Hu, wie ein Wetterhahn! – Hast du Katzenjammer?

MORITZ: Von gestern abend! – Wir haben wie Nilpferde gezecht. Um fünf Uhr wankt ich nach Hause.

ILSE: Man braucht dich nur anzusehen. – Waren auch Mädchen dabei?

MORITZ: Arabella, die Biernymphe, Andalusierin![119] – Der Wirt ließ uns alle die ganze Nacht durch mit ihr allein . . .

ILSE: Man braucht dich nur anzusehn, Moritz! – Ich kenne keinen Katzenjammer. Vergangenen Karneval kam ich drei Tage und drei Nächte in kein Bett und nicht aus den Kleidern. Von der Redoute ins Café, mittags in Bellavista, abends Tingl-Tangl, nachts zur Redoute. *Lena* war dabei und die dicke *Viola.* – In der dritten Nacht fand mich *Heinrich.*

MORITZ: Hatte er dich denn gesucht?

ILSE: Er war über meinen Arm gestolpert. Ich lag bewußtlos im Straßenschnee. – Darauf kam ich zu ihm hin. Vierzehn Tage verließ ich seine Behausung nicht – eine greuliche Zeit! – Morgens mußte ich seinen persischen Schlafrock überwerfen und abends in schwarzem Pagenkostüm durchs Zimmer gehn; an Hals, an Knien und Ärmeln weiße Spitzenaufschläge. Täglich photographierte er mich in anderem Arrangement – einmal auf der Sofalehne als Ariadne, einmal als Leda, einmal als Ganymed, einmal auf allen vieren als weiblichen Nebuchod-Nosor.[120] Dabei schwärmte er von Umbringen, von Erschießen, Selbstmord und Kohlendampf. Frühmorgens nahm er eine Pistole ins Bett, lud sie voll Spitzkugeln[121] und setzte sie mir auf die Brust: Ein Zwinkern, so drück ich! – Oh, er hätte gedrückt, Moritz; er hätte gedrückt! – Dann nahm er das Dings[122] in den Mund wie ein Pustrohr. Das wecke den Selbsterhaltungstrieb. Und dann – Brrrr – die Kugel wäre mir durchs Rückgrat gegangen.

MORITZ: Lebt *Heinrich* noch?

ILSE: Was weiß ich! – Über dem Bett war ein Deckenspiegel im Plafond eingelassen. Das Kabinett schien turmhoch und hell wie ein Opernhaus. Man sah sich leibhaftig vom Himmel herunterhängen. Grauenvoll habe ich die Nächte geträumt. – Gott, o Gott, wenn es erst wieder Tag würde! – Gute Nacht, Ilse. Wenn du schläfst, bist du zum Morden schön!

MORITZ: Lebt dieser *Heinrich* noch?

ILSE: So Gott will, nicht! – Wie er eines Tages Absynth holt, werfe ich den Mantel um und schleiche mich auf die Straße. Der Fasching war aus; die Polizei fängt mich ab; was ich in Mannskleidern wolle? – Sie brachten mich zur Hauptwache. Da kamen *Nohl*, *Fehrendorf*, *Padinsky*, *Spühler*, *Oikonomopulos*, die ganze *Priapia*, und bürgten für mich. Im Fiaker transportierten sie mich auf *Adolars* Atelier. Seither bin ich der Horde treu. *Fehrendorf* ist ein Affe, *Nohl* ist ein Schwein, *Bojokewitsch* ein Uhu, *Loison* eine Hyäne, *Oikonomopulos* ein Kamel – darum lieb ich sie doch, einen wie den andern und möchte mich an sonst niemand hängen,[123] und wenn die Welt voll Erzengel und Millionäre wär!

MORITZ: – Ich muß zurück, Ilse.

ILSE: Komm bis an unser Haus mit!

MORITZ: – Wozu? – Wozu? –

ILSE: Kuhwarme Ziegenmilch trinken! – Ich will dir Locken brennen und dir ein Glöcklein um den Hals hängen. – Wir haben auch noch ein Hü-Pferdchen,[124] mit dem du spielen kannst.

MORITZ: Ich muß zurück. – Ich habe noch die Sassaniden,[125] die Bergpredigt und das Parallelepipedon[126] auf dem Gewissen – Gute Nacht, Ilse!

ILSE: Schlummre süß! . . . Geht ihr wohl noch zum *Wigwam* hinunter, wo Melchi Gabor meinen Tomahawk begrub? – Brrr! Bis es an euch kommt, lieg ich im Kehricht. (*Eilt davon.*)

MORITZ (*allein*): – – – Ein Wort hätte es gekostet. – (*Er ruft:*) Ilse! – Ilse! – – Gottlob sie hört nicht mehr.

– Ich bin in der Stimmung nicht. – Dazu bedarf es eines freien Kopfes und eines fröhlichen Herzens. – Schade, schade um die Gelegenheit!

. . . ich werde sagen, ich hätte mächtige Kristallspiegel über meinen Betten gehabt[127] – hätte mir ein unbändiges Füllen gezogen – hätte es in langen schwarzseidenen Strümpfen und schwarzen Lackstiefeln und schwarzen, langen Glacé-Handschuhen, schwarzen Samt um den Hals, über den Teppich an mir vorbeistolzieren lassen – hätte es in einem Wahnsinnsanfall in meinem Kissen erwürgt . . . ich werde lächeln, wenn von Wollust die Rede ist . . . ich werde –

Aufschreien! – Aufschreien! – Du sein, Ilse! – Priapia! – Besinnungslosigkeit! – Das nimmt die Kraft mir! – Dieses Glückskind, dieses Sonnenkind – dieses Freudenmädchen auf meinem Jammerweg! – – Oh! – Oh!

– –
– –

(*Im Ufergebüsch.*)

Hab ich sie doch unwillkürlich wiedergefunden – die Rasenbank. Die Königskerzen scheinen gewachsen seit gestern. Der Ausblick zwischen den Weiden durch ist derselbe noch. – Der Fluß zieht schwer wie geschmolzenes Blei. – Daß ich nicht vergesse[128] . . . (*Er zieht Frau Gabors Brief aus der Tasche und verbrennt ihn.*) – Wie die Funken irren – hin und her, kreuz und quer – Seelen! – Sternschnuppen! –

Eh ich angezündet, sah man die Gräser noch und einen Streifen am Horizont. – Jetzt ist es dunkel geworden. Jetzt gehe ich nicht mehr nach Hause.

DRITTER AKT

Konferenzzimmer.
An den Wänden die Bildnisse von Pestalozzi[129] und J. J. Rousseau.[130] Um einen gränen Tisch, über dem mehrere Gasflammen brennen, sitzen die Professoren Affenschmalz, Knüppeldick, Hungergurt, Knochenbruch, Zungenschlag und Fliegentod. Am oberen Ende auf erhöhtem Sessel Rektor Sonnenstich. Pedell Habebald kauert neben der Tür.

SONNENSTICH: . . . Sollte einer der Herren noch etwas zu bemerken haben? – – Meine Herren! – Wenn wir nicht umhin können, bei einem hohen Kultusministerium die Relegation unseres schuld-beladenen Schülers zu beantragen, so können wir das aus den schwerwiegendsten Gründen nicht. Wir können es nicht, um das bereits hereingebrochene Unglück zu sühnen, wir können es ebensowenig, um unsere Anstalt für die Zukunft vor ähnlichen Schlägen sicherzustellen. Wir können es nicht, um unseren schuld-beladenen Schüler für den demoralisierenden Einfluß, den er auf seinen Klassengenossen ausgeübt, zu züchtigen; wir können es zuallerletzt, um ihn zu verhindern, den nämlichen Einfluß auf seine übrigen Klassengenossen auszuüben. Wir können es – und der, meine Herren, möchte der schwerwiegendste sein – aus dem jeden Einwand niederschlagenden Grunde nicht, weil wir unsere Anstalt vor den Verheerungen einer Selbstmordepidemie zu schützen haben, wie sie bereits an verschiedenen Gymnasien zum Ausbruch gelangt[131] und bis heute allen Mitteln,· den Gymnasiasten an seine durch seine Heranbildung zum Gebildeten gebildeten Existenzbedingungen zu fesseln, gespottet hat. – – Sollte einer der Herren noch etwas zu bemerken haben?

KNÜPPELDICK: Ich kann mich nicht länger der Überzeugung ver-schließen,[132] daß es endlich an der Zeit wäre, irgendwo ein Fenster zu öffnen.

ZUNGENSCHLAG: Es he-herrscht hier eine A-A-Atmosphäre wie in unterirdischen Kata-Katakomben, wie in den A-Aktensälen des weiland Wetzlarer Ka-Ka-Ka-Ka-Kammergerichtes.[133]

SONNENSTICH: Habebald!

HABEBALD: Befehlen, Herr Rektor!

SONNENSTICH: Öffnen Sie ein Fenster! Wir haben Gott sei Dank Atmosphäre genug draußen. – Sollte einer der Herren noch etwas zu bemerken haben?

FLIEGENTOD: Wenn meine Herren Kollegen ein Fenster öffnen lassen wollen, so habe ich meinerseits nichts dagegen einzuwenden. Nur möchte ich bitten, das Fenster nicht gerade hinter meinem Rücken öffnen lassen zu wollen!

SONNENSTICH: Habebald!

HABEBALD: Befehlen, Herr Rektor!

SONNENSTICH: Öffnen Sie das andere Fenster! – – Sollte einer der Herren noch etwas zu bemerken haben?

HUNGERGURT: Ohne die Kontroverse meinerseits belasten zu wollen, möchte ich an die Tatsache erinnern, daß das andere Fenster seit den Herbstferien zugemauert ist.

SONNENSTICH: Habebald!

HABEBALD: Befehlen, Herr Rektor!

SONNENSTICH: Lassen Sie das andere Fenster geschlossen! – Ich sehe mich genötigt, meine Herren, den Antrag zur Abstimmung zu bringen. Ich ersuche diejenigen Herren Kollegen, die dafür sind, daß das einzig in Frage kommen könnende Fenster geöffnet werde, sich von ihren Sitzen zu erheben. (*Er zählt:*) Eins, zwei, drei. – Eins, zwei, drei. – Habebald!

HABEBALD: Befehlen, Herr Rektor!

SONNENSTICH: Lassen Sie das eine Fenster gleichfalls geschlossen! – Ich meinerseits hege die Überzeugung, daß die Atmosphäre nichts zu wünschen übrig läßt! – – Sollte einer der Herren noch etwas zu bemerken haben? – – Meine Herren! – Setzen wir den Fall, daß wir die Relegation unseres schuldbeladenen Schülers bei einem hohen Kultusministerium zu beantragen unterlassen, so wird *uns* ein hohes Kultusministerium für das hereingebrochene Unglück verantwortlich machen. Von den verschiedenen von der Selbstmord-Epidemie heimgesuchten Gymnasien sind diejenigen, in denen fünfundzwanzig Prozent den Verheerungen zum Opfer gefallen, von einem hohen Kultusministerium suspendiert worden. Vor diesem erschütterndsten Schlage unsere Anstalt zu wahren, ist unsere Pflicht als Hüter und Bewahrer unserer Anstalt. Es schmerzt uns tief, meine

Herren Kollegen, daß wir die sonstige Qualifikation[134] unseres schuldbeladenen Schülers als mildernden Umstand gelten zu lassen nicht in der Lage sind. Ein nachsichtiges Verfahren, das sich unserem schuldbeladenen Schüler gegenüber rechtfertigen ließe, ließe sich der zur Zeit in denkbar bedenklichster Weise gefährdeten Existenz unserer Anstalt gegenüber *nicht* rechtfertigen. Wir sehen uns in die Notwendigkeit versetzt, den Schuldbeladenen zu richten, um nicht als die Schuldlosen gerichtet zu werden. – Habebald!

HABEBALD: Befehlen, Herr Rektor!

SONNENSTICH: Führen Sie ihn herauf!

(*Habebald ab.*)

ZUNGENSCHLAG: Wenn die he-herrschende A-A-Atmosphäre maß-gebenderseits wenig oder nichts zu wünschen übrig läßt, so möchte ich den Antrag stellen, während der So-Sommerferien auch noch das andere Fenster zu-zu-zu-zu-zu-zu-zu-zu-zuzumauern!

FLIEGENTOD: Wenn unserem lieben Kollega Zungenschlag unser Lokal nicht genügend ventiliert erscheint, so möchte ich den Antrag stellen, unserm lieben Herrn Kollega Zungenschlag einen Ventilator in die Stirnhöhle applizieren[135] zu lassen.

ZUNGENSCHLAG: Da-da-das brauche ich mir nicht gefallen zu lassen![136] – Gro-Grobheiten brauche ich mir nicht gefallen zu lassen! – Ich bin meiner fü-fü-fü-fü-fünf Sinne mächtig...![137]

SONNENSTICH: Ich muß unsere Herren Kollegen Fliegentod und Zungenschlag um einigen Anstand ersuchen.[138] Unser schuldbeladener Schüler scheint mir bereits auf der Treppe zu sein.

(*Habebald öffnet die Türe, worauf Melchior, bleich, aber gefaßt, vor die Versammlung tritt.*)

SONNENSTICH: Treten Sie näher an den Tisch heran! – Nachdem Herr Rentier Stiefel von dem ruchlosen Frevel seines Sohnes Kenntnis erhalten, durchsuchte der fassungslose Vater, in der Hoffnung, auf diesem Wege möglicherweise dem Anlaß der verabscheuungs-würdigen Untat auf die Spur zu kommen, die hinterlassenen Effekten seines Sohnes Moritz und stieß dabei an einem nicht zur Sache gehörigen Orte[139] auf ein Schriftstück, welches uns, ohne noch die verabscheuungswürdige Untat an sich verständlich zu machen, für die dabei maßgebend gewesene moralische Zerrüttung des Untäters eine leider nur allzu ausreichende Erklärung liefert. Es handelt sich um eine in Gesprächsform abgefaßte, „*Der Beischlaf*" betitelte, mit lebensgroßen Abbildungen versehene, von den schamlosesten Unflätereien strotzende, zwanzig Seiten lange Abhandlung, die den geschraubtesten Anforderungen, die ein verworfener Lüstling an eine unzüchtige Lektüre zu stellen[140] vermöchte, entsprechen dürfte. –

MELCHIOR: Ich habe . . .

SONNENSTICH: Sie haben sich ruhig zu verhalten! – Nachdem Herr Rentier Stiefel uns fragliches Schriftstück ausgehändigt und wir dem fassungslosen Vater das Versprechen erteilt,[141] um jeden Preis den Autor zu ermitteln, wurde die uns vorliegende Handschrift mit den Handschriften sämtlicher Mitschüler des weiland Ruchlosen[142] verglichen und ergab nach dem einstimmigen Urteil der gesamten Lehrerschaft, sowie in vollkommenem Einklang mit dem Spezial-Gutachten unseres geschätzten Herrn Kollegen für Kalligraphie die denkbar bedenklichste Ähnlichkeit mit der *Ihrigen*. –

MELCHIOR: Ich habe . . .

SONNENSTICH: Sie haben sich ruhig zu verhalten! – Ungeachtet der erdrückenden Tatsache der von seiten unantastbarer Autoritäten anerkannten Ähnlichkeit glauben wir uns vorderhand noch jeder weiteren Maßnahmen enthalten zu dürfen, um in erster Linie[143] den Schuldigen über das ihm demgemäß zur Last fallende Vergehen[144] wider die Sittlichkeit in Verbindung mit daraus resultierender Veranlassung zur Selbstentleibung ausführlich zu vernehmen. –

MELCHIOR: Ich habe . . .

SONNENSTICH: Sie haben die genau präzisierten Fragen, die ich Ihnen der Reihe nach vorlege, eine um die andere, mit einem schlichten und bescheidenen „Ja" oder „Nein" zu beantworten. – Habebald!

HABEBALD: Befehlen, Herr Rektor!

SONNENSTICH: Die Akten! – – Ich ersuche unseren Schriftführer, Herrn Kollega Fliegentod, von nun an möglichst wortgetreu zu protokollieren. – (*Zu Melchior:*) Kennen Sie dieses Schriftstück?

MELCHIOR: Ja.

SONNENSTICH: Wissen Sie, was dieses Schriftstück enthält?

MELCHIOR: Ja.

SONNENSTICH: Ist die Schrift dieses Schriftstücks die Ihrige?

MELCHIOR: Ja.

SONNENSTICH: Verdankt dieses unflätige Schriftstück Ihnen seine Abfassung?[145]

MELCHIOR: Ja. – Ich ersuche Sie, Herr Rektor, mir *eine* Unflätigkeit darin nachzuweisen.

SONNENSTICH: Sie haben die genau präzisierten Fragen, die ich Ihnen vorlege, mit einem schlichten und bescheidenen „Ja" oder „Nein" zu beantworten!

MELCHIOR: Ich habe nicht mehr und nicht weniger geschrieben, als was eine Ihnen sehr wohlbekannte Tatsache ist!

SONNENSTICH: Dieser Schandbube!!

MELCHIOR: Ich ersuche Sie, mir einen Verstoß gegen die Sittlichkeit in der Schrift zu zeigen!

SONNENSTICH: Bilden Sie sich ein, ich hätte Lust, zu Ihrem Hanswurst an Ihnen zu werden?! – Habebald ...!

MELCHIOR: Ich habe ...

SONNENSTICH: Sie haben so wenig Ehrerbietung vor der Würde Ihrer versammelten Lehrerschaft, wie Sie Anstandsgefühl für das dem Menschen eingewurzelte Empfinden für die Diskretion der Verschämtheit einer sittlichen Weltordnung haben! – Habebald!!

HABEBALD: Befehlen, Herr Rektor!

SONNENSTICH: Es ist ja der *Langenscheidt* zur dreistündigen Erlernung des agglutinierenden Volapük![146]

MELCHIOR: Ich habe ...

SONNENSTICH: Ich ersuche unseren Schriftführer, Herrn Kollega Fliegentod, das Protokoll zu schließen!

MELCHIOR: Ich habe ...

SONNENSTICH: Sie haben sich ruhig zu verhalten!! – Habebald!

HABEBALD: Befehlen, Herr Rektor!

SONNENSTICH: Führen Sie ihn hinunter!

ZWEITE SZENE

Friedhof in strömendem Regen. – Vor einem offenen Grabe steht Pastor Kahlbauch, den aufgespannten Schirm in der Hand. Zu seiner Rechten Rentier Stiefel, dessen Freund Ziegenmelker und Onkel Probst. Zur Linken Rektor Sonnenstich mit Professor Knochenbruch. Gymnasiasten schließen den Kreis. In einiger Entfernung vor einem halbverfallenen Grabmonument Martha und Ilse.

PASTOR KAHLBAUCH: . . . Denn wer die Gnade, mit der der ewige Vater den in Sünden Geborenen gesegnet, von sich wies, er wird des *geistigen* Todes sterben! – Wer aber in eigenwilliger fleischlicher Verleugnung der Gott gebührenden Ehre dem Bösen gelebt und gedient, er wird des *leiblichen* Todes sterben! – Wer jedoch das Kreuz, das der Allerbarmer ihm um der Sünde willen auferlegt, freventlich von sich geworfen, wahrlich, wahrlich, ich sage euch, der wird des *ewigen* Todes sterben! – (*Er wirft eine Schaufel voll Erde in die Gruft.*) – Uns aber, die wir fort und fort wallen den Dornenpfad, lasset den Herrn, den allgütigen, preisen und ihm danken für seine unerforschliche Gnadenwahl. Denn so wahr *dieser* eines *dreifachen* Todes starb, so wahr wird Gott der Herr den Gerechten einführen zur Seligkeit und zum ewigen Leben. – Amen.

RENTIER STIEFEL (*mit tränenerstickter Stimme, wirft eine Schaufel voll Erde in die Gruft*): Der Junge war nicht von mir![147] – Der Junge war nicht von mir! Der Junge hat mir von klein auf[148] nicht gefallen!

REKTOR SONNENSTICH (*wirft eine Schaufel voll Erde in die Gruft*): Der Selbstmord als der denkbar bedenklichste Verstoß[149] gegen die sittliche Weltordnung ist der denkbar bedenklichste Beweis *für* die sittliche Weltordnung, indem der Selbstmörder der sittlichen Weltordnung den Urteilsspruch zu sprechen erspart und ihr Bestehen bestätigt.

PROFESSOR KNOCHENBRUCH (*wirft eine Schaufel voll Erde in die Gruft*): Verbummelt – versumpft – verhurt – verlumpt – und verludert!

ONKEL PROBST (*wirft eine Schaufel voll Erde in die Gruft*): Meiner eigenen Mutter hätte ich's nicht geglaubt, daß ein Kind so niederträchtig an seinen Eltern zu handeln vermöchte!

FREUND ZIEGENMELKER (*wirft eine Schaufel voll Erde in die Gruft*): An einem Vater zu handeln vermöchte, der nun seit zwanzig Jahren von früh bis spät keinen Gedanken mehr hegt als das Wohl seines Kindes!

PASTOR KAHLBAUCH (*Rentier Stiefel die Hand drückend*): Wir wissen, daß denen, die Gott lieben, alle Dinge zum besten dienen. 1. Korinth. 12, 15.[150] – Denken Sie der trostlosen Mutter und suchen Sie ihr das Verlorene durch verdoppelte Liebe zu ersetzen!

REKTOR SONNENSTICH (*Rentier Stiefel die Hand drückend*): Wir hätten ihn ja wahrscheinlich doch nicht promovieren können![151]

PROFESSOR KNOCHENBRUCH (*Rentier Stiefel die Hand drückend*): Und

wenn wir ihn promoviert hätten, im nächsten Frühling wäre er des
allerbestimmtesten[152] sitzengeblieben!

ONKEL PROBST (*Rentier Stiefel die Hand drückend*): Jetzt hast du vor
allem die Pflicht, an dich zu denken. Du bist Familienvater[153] . . .!

FREUND ZIEGENMELKER (*Rentier Stiefel die Hand drückend*): Vertraue dich
meiner Führung![154] – Ein Hundewetter, daß einem die Därme
schlottern![155] – Wer da nicht unverzüglich mit einem Grog ein-
greift, hat seine Herzklappenaffektion weg![156]

RENTIER STIEFEL (*sich die Nase schneuzend*): Der Junge war nicht von
mir . . . der Junge war nicht von mir . . .

(*Rentier Stiefel, geleitet von Pastor Kahlbauch, Rektor Sonnenstich,
Professor Knochenbruch, Onkel Probst und Freund Ziegenmelker ab. –
Der Regen läßt nach.*)

HÄNSCHEN RILOW (*wirft eine Schaufel voll Erde in die Gruft*): Ruhe in
Frieden, du ehrliche Haut![157] – Grüße mir meine ewigen Bräute,
hingeopferten Angedenkens,[158] und empfiehl mich ganz ergebenst
zu Gnaden[159] dem lieben Gott – armer Tolpatsch du! – Sie werden
dir um deiner Engelseinfalt willen noch eine Vogelscheuche aufs
Grab setzen . . .

GEORG: Hat sich die Pistole gefunden?[160]

ROBERT: Man braucht keine Pistole zu suchen!

ERNST: Hast du ihn gesehen, Robert?

ROBERT: Verfluchter, verdammter Schwindel![161] – Wer hat ihn gesehen? – Wer denn?!

OTTO: Da steckt's nämlich! – Man hatte ihm ein Tuch übergeworfen.

GEORG: Hing die Zunge heraus?

ROBERT: Die Augen! – Deshalb hatte man das Tuch drübergeworfen.

OTTO: Grauenhaft!

HÄNSCHEN RILOW: Weißt du bestimmt, daß er sich erhängt hat?

ERNST: Man sagt, er habe gar keinen Kopf mehr.

OTTO: Unsinn! – Gewäsch!

ROBERT: Ich habe ja den Strick in Händen gehabt! – Ich habe noch
keinen Erhängten gesehen,[162] den man nicht zugedeckt hätte.

GEORG: Auf gemeinere Art hätte er sich nicht empfehlen können!

HÄNSCHEN RILOW: Was Teufel,[163] das Erhängen soll ganz hübsch sein!

OTTO: Mir ist er nämlich noch fünf Mark schuldig.[164] Wir hatten
gewettet. Er schwor, er werde sich halten.

HÄNSCHEN RILOW: Du bist schuld, daß er daliegt. Du hast ihn Prahlhans genannt.

OTTO: Paperlapap,[165] ich muß auch büffeln die Nächte durch. Hätte er die griechische Literaturgeschichte gelernt, er hätte sich nicht zu erhängen brauchen!

ERNST: Hast du den Aufsatz, Otto?

OTTO: Erst die Einleitung.

ERNST: Ich weiß gar nicht, was schreiben.

GEORG: Warst du denn nicht da, als uns Affenschmalz die Disposition gab?

HÄNSCHEN RILOW: Ich stopsle mir was aus dem *Demokrit*[166] zusammen.

ERNST: Ich will sehen, ob sich im *kleinen Meyer* was finden läßt.

OTTO: Hast du den Vergil schon auf morgen?[167] – – – – –

> (*Die Gymnasiasten ab. – Martha und Ilse kommen ans Grab.*)

ILSE: Rasch, rasch! – Dort hinten kommen die Totengräber.

MARTHA: Wollen wir nicht lieber warten, Ilse?

ILSE: Wozu? – Wir bringen neue. Immer neue und neue! – Es wachsen genug.

MARTHA: Du hast recht, Ilse! –

> (*Sie wirft einen Efeukranz in die Gruft. Ilse öffnet ihre Schürze und läßt eine Fülle frischer Anemonen auf den Sarg regnen.*)

MARTHA: Ich grabe unsere Rosen aus. Schläge bekomme ich ja doch![168] – Hier werden sie gedeihen.

ILSE: Ich will sie begießen, sooft ich vorbeikomme. Ich hole Vergißmeinnicht vom Goldbach herüber und Schwertlilien bringe ich von Hause mit.

MARTHA: Es soll eine Pracht werden![169] Eine Pracht!

ILSE: Ich war schon über der Brücke drüben, da hört ich den Knall.

MARTHA: Armes Herz!

ILSE: Und ich weiß auch den Grund, Martha.

MARTHA: Hat er dir was gesagt?

ILSE: Parallelepipedon! Aber sag es niemandem.

MARTHA: Meine Hand darauf.[170]

ILSE: – Hier ist die Pistole.

MARTHA: Deshalb hat man sie nicht gefunden!

ILSE: Ich nahm sie ihm gleich aus der Hand, als ich am Morgen vorbeikam.

MARTHA: Schenk sie mir, Ilse! – Bitte, schenk sie mir!

ILSE: Nein, die behalt ich zum Andenken.

MARTHA: Ist's wahr, Ilse, daß er ohne Kopf drinliegt?

ILSE: Er muß sie mit Wasser geladen haben! – Die Königskerzen waren über und über[171] mit Blut besprengt. Sein Hirn hing in den Weiden umher.

DRITTE SZENE

Herr und Frau Gabor.

FRAU GABOR: . . . Man hatte einen Sündenbock nötig. Man durfte[172] die überall laut werdenden Anschuldigungen nicht auf sich beruhen lassen. Und nun mein Kind[173] das Unglück gehabt, den Zöpfen im richtigen Moment in den Schuß zu laufen,[174] nun soll ich, die eigene Mutter, das Werk seiner Henker vollenden helfen? – Bewahre mich Gott davor!

HERR GABOR: – Ich habe deine geistvolle Erziehungsmethode vierzehn Jahre schweigend mit angesehn. Sie widersprach meinen Begriffen. Ich hatte von jeher[175] der Überzeugung gelebt, ein Kind sei kein Spielzeug; ein Kind habe Anspruch auf unsern heiligsten Ernst.[176] Aber ich sagte mir, wenn der Geist und die Grazie des einen die ernsten Grundsätze eines andern zu ersetzen imstande sind, so mögen sie den ernsten Grundsätzen vorzuziehen sein. – – Ich mache dir keinen Vorwurf, Fanny. Aber vertritt mir den Weg nicht, wenn ich dein und mein Unrecht an dem Jungen gutzumachen suche!

FRAU GABOR: Ich vertrete dir den Weg, solange ein Tropfen warmen Blutes in mir wallt! In der Korrektionsanstalt ist mein Kind verloren. Eine Verbrechernatur mag sich in solchen Instituten bessern lassen. Ich weiß es nicht. Ein gutgearteter Mensch wird so gewiß zum Verbrecher darin, wie die Pflanze verkommt, der du Luft und Sonne entziehst. Ich bin mir keines Unrechtes bewußt. Ich danke heute wie immer dem Himmel, daß er mir den Weg gezeigt, in meinem Kinde einen rechtlichen Charakter und eine edle Denkungsweise zu wecken.

Was hat er denn so Schreckliches getan? Es soll mir nicht einfallen,[177] ihn entschuldigen zu wollen – daran, daß man ihn aus der Schule gejagt, trägt er keine Schuld.[178] Und wär es sein Verschulden, so hat er es ja gebüßt. Du magst das alles besser wissen. Du magst theoretisch vollkommen im Rechte sein. Aber ich kann mir mein einziges Kind nicht gewaltsam in den Tod jagen lassen!

HERR GABOR: Das hängt nicht von uns ab, Fanny. – Das ist ein Risiko, das wir mit unserem Glück auf uns genommen. Wer zu schwach für den Marsch ist, bleibt am Wege. Und es ist schließlich das Schlimmste nicht, wenn das Unausbleibliche zeitig kommt. Möge uns der Himmel davor behüten! Unsere Pflicht ist es, den Wankenden zu festigen, solange die Vernunft Mittel weiß.[179] – Daß man ihn aus der Schule gejagt, ist nicht seine Schuld. Wenn man ihn *nicht* aus der Schule gejagt hätte, es wäre auch seine Schuld nicht! – Du bist zu leichtherzig. Du erblickst vorwitzige Tändelei, wo es sich um Grundschäden des Charakters handelt. Ihr Frauen seid nicht berufen, über solche Dinge zu urteilen. Wer *das* schreiben kann, was Melchior schreibt, der muß im innersten Kern seines Wesens angefault sein. Das Mark ist ergriffen. Eine halbwegs gesunde Natur[180] läßt sich zu so etwas nicht herbei. Wir sind alle keine Heiligen; jeder von uns irrt vom schnurgeraden Pfad ab. Seine Schrift hingegen vertritt das *Prinzip*. Seine Schrift entspricht keinem zufälligen gelegentlichen Fehltritt; sie dokumentiert mit schaudererregender Deutlichkeit den aufrichtig gehegten *Vorsatz*, jene natürliche Veranlagung, jenen Hang zum *Unmoralischen*, weil es das Unmoralische ist. Seine Schrift manifestiert jene exzeptionelle geistige Korruption, die wir Juristen mit dem Ausdruck „*moralischer Irrsinn*" bezeichnen. – Ob sich gegen seinen Zustand etwas ausrichten läßt,[181] vermag ich nicht zu sagen. *Wenn* wir uns einen Hoffnungsschimmer bewahren wollen, und in erster Linie unser fleckenloses Gewissen als die Eltern des Betreffenden, so ist es Zeit für uns, mit Entschiedenheit und mit allem Ernste ans Werk zu gehen. – Laß uns nicht länger streiten, Fanny! Ich fühle, wie schwer es dir wird. Ich weiß, daß du ihn vergötterst, weil er so ganz deinem genialischen Naturell entspricht. Sei stärker als du! Zeig dich deinem Sohn gegenüber endlich einmal selbstlos!

FRAU GABOR: Hilf mir Gott, wie läßt sich dagegen aufkommen![182] – Man muß ein *Mann* sein, um so sprechen zu können! Man muß ein.

Mann sein, um sich so vom toten Buchstaben verblenden lassen zu können! Man muß ein *Mann* sein, um so blind das in die Augen Springende[183] nicht zu sehn! – Ich habe gewissenhaft und besonnen an Melchior gehandelt vom ersten Tag an, da ich ihn für die Eindrücke seiner Umgebung empfänglich fand. Sind wir denn für den *Zufall* verantwortlich?! Dir kann morgen ein Dachziegel auf den Kopf fallen, und dann kommt dein Freund – dein Vater, und statt deine Wunde zu pflegen, setzt er den Fuß auf dich! – Ich lasse mein Kind nicht vor meinen Augen hinmorden. Dafür bin ich seine Mutter. – Es ist unfaßbar! Es ist gar nicht zu glauben![184] Was schreibt er denn in aller Welt![185] Ist's denn nicht der eklatanteste Beweis für seine Harmlosigkeit, für seine Dummheit, für seine kindliche Unberührtheit, daß er so etwas schreiben kann! – Man muß keine Ahnung von Menschenkenntnis besitzen – man muß ein vollständig entseelter Bürokrat oder ganz nur Beschränktheit sein,[186] um hier moralische Korruption zu wittern! – – Sag was du willst. Wenn du Melchior in die Korrektionsanstalt bringst, dann sind *wir* geschieden! Und dann laß mich sehen, ob ich nicht irgendwo in der Welt Hilfe und Mittel finde, mein Kind seinem Untergange zu entreißen.

HERR GABOR: Du wirst dich drein schicken müssen – wenn nicht heute, dann morgen. Leicht wird es keinem, mit dem Unglück zu diskontieren.[187] Ich werde dir zur Seite stehen, und wenn dein Mut zu erliegen droht, keine Mühe und kein Opfer scheuen, dir das Herz zu entlasten.[188] Ich sehe die Zukunft so grau, so wolkig – es fehlte nur noch,[189] daß auch du mir noch verlorengingst.

FRAU GABOR: Ich sehe ihn nicht wieder; ich sehe ihn nicht wieder. Er erträgt das Gemeine nicht. Er findet sich nicht ab mit dem Schmutz. Er zerbricht den Zwang; das entsetzlichste Beispiel schwebt ihm vor Augen![190] – Und sehe ich ihn wieder – Gott, Gott, dieses frühlingsfrohe Herz – sein helles Lachen – alles, alles – seine kindliche Entschlossenheit, mutig zu kämpfen für Gut und Recht – o dieser Morgenhimmel, wie ich ihn licht und rein in seiner Seele gehegt als mein höchstes Gut. . . . Halte dich an *mich*,[191] wenn das Unrecht um Sühne schreit! Halte dich an mich! Verfahre mit mir wie du willst! *Ich* trage die Schuld. – Aber laß deine fürchterliche Hand von dem Kind weg.

HERR GABOR: Er hat sich vergangen!

FRAU GABOR: *Er hat sich nicht vergangen!*

HERR GABOR: Er *hat* sich vergangen! – – – Ich hätte alles darum gege-
ben, es deiner grenzenlosen Liebe ersparen zu dürfen. – – Heute
morgen kommt eine Frau zu mir, vergeistert, kaum ihrer Sprache
mächtig,[192] mit *diesem* Brief in der Hand – einem Brief an ihre
fünfzehnjährige Tochter. Aus dummer Neugierde habe sie ihn er-
brochen; das Mädchen war nicht zu Haus. – In dem Briefe erklärte
Melchior dem fünfzehnjährigen Kind, daß ihm seine Handlungsweise keine Ruhe lasse, er habe sich an ihr versündigt usw. usw.,
werde indessen natürlich für alles einstehen. Sie möge sich nicht
grämen, auch wenn sie Folgen spüre. Er sei bereits auf dem Weg,
Hilfe zu schaffen; seine Relegation erleichtere ihm das. Der ehemalige
Fehltritt könne noch zu ihrem Glücke führen – und was des unsinnigen Gewäsches mehr ist.[193]

FRAU GABOR: Unmöglich!!

HERR GABOR: Der Brief ist gefälscht. Es liegt Betrug vor. Man sucht
sich seine stadtbekannte Relegation nutzbar zu machen.[194] Ich habe
mit dem Jungen noch nicht gesprochen – aber sieh bitte die Hand!
Sieh die Schreibweise!

FRAU GABOR: Ein unerhörtes, schamloses Bubenstück!

HERR GABOR: Das fürchte ich!

FRAU GABOR: Nein, nein – nie und nimmer!

HERR GABOR: Um so besser wird es für uns sein.[195] – Die Frau fragt
mich händeringend, was sie tun solle. Ich sagte ihr, sie solle ihre
fünfzehnjährige Tochter nicht auf Heuböden herumklettern lassen.
Den Brief hat sie mir glücklicherweise dagelassen. – Schicken wir
Melchior nun auf ein anderes Gymnasium, wo er nicht einmal unter
elterlicher Aufsicht steht, so haben wir in drei Wochen den nämlichen Fall[196] – neue Relegation – sein frühlingsfreudiges Herz
gewöhnt sich nachgerade daran. – Sag mir, Fanny, wo soll ich hin
mit dem Jungen?!

FRAU GABOR: – In die Korrektionsanstalt –

HERR GABOR: In die . . .?

FRAU GABOR: . . . Korrektionsanstalt!

HERR GABOR: Er findet dort in erster Linie, was ihm zu Hause un-
gerechterweise vorenthalten wurde: eherne Disziplin, Grundsätze,
und einen moralischen Zwang, dem er sich unter allen Umständen
zu fügen hat. – Im übrigen ist die Korrektionsanstalt nicht der Ort
des Schreckens, den du dir darunter denkst. Das Hauptgewicht legt

man in der Anstalt auf Entwicklung einer christlichen Denk- und Empfindungsweise. Der Junge lernt dort endlich, das *Gute* wollen statt des *Interessanten,* und bei seinen Handlungen nicht sein Naturell, sondern das *Gesetz* in Frage ziehen.[197] – – Vor einer halben Stunde erhalte ich ein Telegramm von meinem Bruder, das mir die Aussagen der Frau bestätigt. Melchior hat sich ihm anvertraut und ihn um zweihundert Mark zur Flucht nach England gebeten . . .

FRAU GABOR (*bedeckt ihr Gesicht*): Barmherziger Himmel!

VIERTE SZENE

Korrektionsanstalt. – Ein Korridor. – Diethelm, Reinhold, Ruprecht, Helmuth, Gaston und Melchior.

DIETHELM: Hier ist ein Zwanzigpfennigstück!

REINHOLD: Was soll's damit?[198]

DIETHELM: Ich leg es auf den Boden. Ihr stellt euch drum herum. Wer es trifft, der hat's.[199]

RUPRECHT: Machst du nicht mit,[200] Melchior?

MELCHIOR: Nein, ich danke.

HELMUTH: Der Joseph![201]

GASTON: Er kann nicht mehr. Er ist zur Rekreation hier.

MELCHIOR (*für sich*): Es ist nicht klug, daß ich mich separiere. Alles hält mich im Auge. Ich muß mitmachen – oder die Kreatur geht zum Teufel.[202] – – Die Gefangenschaft macht sie zu Selbstmördern.[203] – – Brech ich den Hals, ist es gut! Komme ich davon, ist es auch gut! Ich kann nur gewinnen. – Ruprecht wird mein Freund, er besitzt hier Kenntnisse.[204] – Ich werde ihm die Kapitel von Judas Schnur Thamar, von Moab, von Lot und seiner Sippe, von der Königin Basti und der Abisag von Sunem zum besten geben.[205] – Er hat die verunglückteste Physiognomie[206] auf der Abteilung.

RUPRECHT: Ich hab's![207]

HELMUTH: Ich komme noch!

GASTON: Übermorgen vielleicht!

HELMUTH: Gleich! – Jetzt! – O Gott, o Gott . . .

ALLE: Summa – summa cum laude!![208]

RUPRECHT (*das Stück nehmend*): Danke schön!

HELMUTH: Her, du Hund!

RUPRECHT: Du Schweinetier?

HELMUTH: Galgenvogel!!

RUPRECHT (*schlägt ihn ins Gesicht*): Da! (*Rennt davon.*)

HELMUTH (*ihm nachrennend*): Den schlag ich tot!

DIE ÜBRIGEN (*rennen hinterdrein*): Hetz, Packan![209] Hetz! Hetz! Hetz!

MELCHIOR (*allein, gegen das Fenster gewandt*): – Da geht der Blitzableiter hinunter. – Man muß ein Taschentuch drumwickeln. – Wenn ich an *sie* denke, schießt mir immer das Blut in den Kopf. Und Moritz liegt mir wie Blei in den Füßen.[210] – – – Ich gehe zur Redaktion. Bezahlen Sie mich per Hundert;[211] ich kolportiere! – sammle Tagesneuigkeiten – schreibe – lokal – – ethisch – – psychophysisch . . . man verhungert nicht mehr so leicht. Volksküche, Café Temperence.[212] – Das Haus ist sechzig Fuß hoch und der Verputz bröckelt ab . . . Sie haßt mich – weil ich sie der Freiheit beraubt. Handle ich, wie ich will, es bleibt Vergewaltigung.[213] – Ich darf einzig hoffen, im Laufe der Jahre allmählich . . . Über acht Tage ist Neumond. Morgen schmiere ich die Angeln. Bis Sonnabend muß ich unter allen Umständen wissen, wer den Schlüssel hat. – Sonntag abend in der Andacht kataleptischer Anfall[214] – will's Gott, wird sonst niemand krank! – Alles liegt so klar, als wär es geschehen, vor mir. Über das Fenstergesims gelang ich mit Leichtigkeit – ein Schwung – ein Griff – aber man muß ein Taschentuch drumwickeln. – – Da kommt der Großinquisitor. (*Ab nach links.*)

(*Dr Prokrustes mit einem Schlossermeister von rechts.*)

DR PROKRUSTES: . . . Die Fenster liegen zwar im dritten Stock und unten sind Brennesseln gepflanzt. Aber was kümmert sich die Entartung um Brennesseln. – Vergangenen Winter stieg uns einer zur Dachluke hinaus, und wir hatten die ganze Schererei mit dem Abholen, Hinbringen und Beisetzen . . .

DER SCHLOSSERMEISTER: Wünschen Sie die Gitter aus Schmiedeeisen?

DR PROKRUSTES: Aus Schmiedeeisen – und da man sie nicht einlassen kann, vernietet.

Ein Schlafgemach. – Frau Bergmann, Ina Müller und Medizinalrat Dr v.
Brausepulver. – Wendla im Bett.

DR VON BRAUSEPULVER: Wie alt sind Sie denn eigentlich?

WENDLA: Vierzehn ein halb.

DR VON BRAUSEPULVER: Ich verordne die *Blaudschen* Pillen[215] seit
fünfzehn Jahren und habe in einer großen Anzahl von Fällen die
eklatantesten Erfolge beobachtet. Ich ziehe sie dem Lebertran und
den Stahlweinen[216] vor. Beginnen Sie mit drei bis vier Pillen pro
Tag und steigern Sie so rasch Sie es eben vertragen. Dem Fräulein
Elfriede Baronesse von Witzleben[217] hatte ich verordnet, jeden
dritten Tag um eine Pille zu steigern. Die Baronesse hatte mich
mißverstanden und steigerte jeden Tag um drei Pillen. Nach kaum
drei Wochen schon konnte sich die Baronesse mit ihrer Frau Mama
zur Nachkur nach Pyrmont begeben. – Von ermüdenden Spazier-
gängen und Extramahlzeiten dispensiere ich Sie. Dafür versprechen
Sie mir, liebes Kind, sich um so fleißiger Bewegung machen zu
wollen und ungeniert Nahrung zu fordern, sobald sich die Lust dazu
wieder einstellt.[218] Dann werden diese Herzbeklemmungen bald
nachlassen – und der Kopfschmerz, das Frösteln, der Schwindel –
und unsere schrecklichen Verdauungsstörungen. Fräulein Elfriede
Baronesse von Witzleben genoß schon acht Tage nach begonnener
Kur ein ganzes Brathühnchen mit jungen Pellkartoffeln zum Früh-
stück.

FRAU BERGMANN: Darf ich Ihnen ein Glas Wein anbieten, Herr
Medizinalrat?

DR VON BRAUSEPULVER: Ich danke Ihnen, liebe Frau Bergmann. Mein
Wagen wartet. Lassen Sie sich's nicht so zu Herzen gehen. In wenigen
Wochen ist unsere liebe kleine Patientin wieder frisch und munter
wie eine Gazelle. Seien Sie getrost.[219] – Guten Tag, Frau Bergmann.
Guten Tag, liebes Kind. Guten Tag, meine Damen. Guten Tag.
(Frau Bergmann geleitet ihn vor die Tür.)

INA *(am Fenster)*: – Nun färbt sich eure Platane schon wieder bunt. –
Siehst du's vom Bett aus? – Eine kurze Pracht,[220] kaum recht der
Freude wert, wie man sie so kommen und gehen sieht. – Ich muß
nun auch bald gehen. Müller erwartet mich vor der Post und ich

muß zuvor noch zur Schneiderin. Mucki bekommt seine ersten Höschen, und Karl soll einen neuen Trikotanzug auf den Winter haben.

WENDLA: Manchmal wird mir so selig[221] – alles Freude und Sonnenglanz. Hätt ich geahnt, daß es einem so wohl ums Herz werden kann! Ich möchte hinaus, im Abendschein über die Wiesen gehn, Himmelsschlüssel[222] suchen den Fluß entlang und mich ans Ufer setzen und träumen . . . Und dann kommt das *Zahnweh*,[223] und ich meine, daß ich morgen am Tag sterben muß; mir wird heiß und kalt, vor den Augen verdunkelt sich's, und dann flattert das Untier herein – – – Sooft ich aufwache, seh ich Mutter weinen. Oh, das tut mir so weh – ich kann's dir nicht sagen, Ina!

INA: – Soll ich dir nicht das Kopfkissen höher legen?

FRAU BERGMANN (*kommt zurück*): Er meint, das Erbrechen werde sich auch geben; und du sollst dann nur ruhig wieder aufstehn[224] . . . Ich glaube auch, es ist besser, wenn du bald wieder aufstehst, Wendla.

INA: Bis ich das nächste Mal vorspreche, springst du vielleicht schon wieder im Haus herum. – Leb wohl, Mutter. Ich muß durchaus noch zur Schneiderin. Behüt dich Gott,[225] liebe Wendla. (*Küßt sie.*) Recht, recht baldige Besserung!

WENDLA: Leb wohl, Ina. – Bring mir Himmelsschlüssel mit, wenn du wiederkommst. Adieu. Grüße deine Jungens von mir.

(*Ina ab.*)

WENDLA: Was hat er noch gesagt, Mutter, als er draußen war?

FRAU BERGMANN: Er hat nichts gesagt. – Er sagte, Fräulein von Witzleben habe auch zu Ohnmachten geneigt. Es sei das fast immer so bei der Bleichsucht.

WENDLA: Hat er gesagt, Mutter, daß ich die Bleichsucht habe?

FRAU BERGMANN: Du sollest Milch trinken und Fleisch und Gemüse essen, wenn der Appetit zurückgekehrt sei.

WENDLA: O Mutter, Mutter, ich glaube, ich habe nicht die Bleichsucht. . . .

FRAU BERGMANN: Du hast die Bleichsucht, Kind. Sei ruhig, Wendla, sei ruhig; du hast die Bleichsucht.

WENDLA: Nein, Mutter, nein! Ich weiß es. Ich fühl es. Ich habe nicht die Bleichsucht. Ich habe die Wassersucht . . .

FRAU BERGMANN: Du hast die Bleichsucht. Er hat es ja gesagt, daß du die Bleichsucht hast. Beruhige dich, Mädchen. Es wird besser werden.

WENDLA: Es wird nicht besser werden. Ich habe die Wassersucht. Ich muß sterben, Mutter. – O Mutter, ich muß sterben!

FRAU BERGMANN: Du mußt nicht sterben, Kind! Du mußt nicht sterben ... Barmherziger Himmel, du mußt nicht sterben!

WENDLA: Aber warum weinst du dann so jammervoll?

FRAU BERGMANN: Du mußt nicht sterben – Kind! Du hast nicht die Wassersucht. Du hast ein *Kind*, Mädchen! Du hast ein Kind! – Oh, warum hast du mir das getan!

WENDLA: – Ich habe dir nichts getan –

FRAU BERGMANN: O leugne nicht noch, Wendla! – Ich weiß alles. Sieh, ich hätt es nicht vermocht, dir ein Wort zu sagen. – Wendla, meine Wendla ...!

WENDLA: Aber das ist ja nicht möglich, Mutter. Ich bin ja doch nicht verheiratet ...!

FRAU BERGMANN: Großer, gewaltiger Gott –, das ist's ja, daß du nicht verheiratet bist! Das ist ja das Fürchterliche! – Wendla, Wendla, Wendla, was hast du getan!!

WENDLA: Ich weiß es, weiß Gott, nicht mehr! Wir lagen im Heu ... Ich habe keinen Menschen auf dieser Welt geliebt als nur dich, dich, Mutter.

FRAU BERGMANN: Mein Herzblatt –

WENDLA: O Mutter, warum hast du mir nicht alles gesagt!

FRAU BERGMANN: Kind, Kind, laß uns einander das Herz nicht noch schwerer machen! Fasse dich! Verzweifle mir nicht, mein Kind! Einem vierzehnjährigen Mädchen das sagen! Sieh, ich wäre eher darauf gefaßt gewesen, daß die Sonne erlischt.[226] Ich habe an dir nicht anders getan, als meine liebe gute Mutter an mir getan hat. – O laß uns auf den lieben Gott vertrauen, Wendla; laß uns auf Barmherzigkeit hoffen und das Unsrige tun! Sieh, *noch* ist ja nichts geschehen, Kind. Und wenn nur wir jetzt nicht kleinmütig werden, dann wird uns auch der liebe Gott nicht verlassen. – Sei *mutig*, Wendla, sei *mutig*! – – So sitzt man einmal am Fenster und legt die Hände in den Schoß, weil sich doch noch alles zum Guten gewandt, und da bricht's dann herein, daß einem gleich das Herz bersten möchte ... Wa – was zitterst du?

WENDLA: Es hat jemand geklopft.

FRAU BERGMANN: Ich habe nichts gehört, liebes Herz. – (*Geht an die Tür und öffnet.*)

WENDLA: Ach, ich hörte es ganz deutlich. – – Wer ist draußen?

FRAU BERGMANN: – Niemand – – Schmidts Mutter aus der Gartenstraße. – – – Sie kommen eben recht, Mutter Schmidtin.[227]

SECHSTE SZENE

Winzer und Winzerinnen[228] *im Weinberg. – Im Westen sinkt die Sonne hinter die Berggipfel. Helles Glockengeläute vom Tal herauf. – Hänschen Rilow und Ernst Röbel im höchstgelegenen Rebstück sich unter den überhängenden Felsen im welkenden Grase wälzend.*

ERNST: – Ich habe mich überarbeitet.

HÄNSCHEN: Laß uns nicht traurig sein! – Schade um die Minuten.

ERNST: Man sieht sie hängen und kann nicht mehr – und morgen sind sie gekeltert.

HÄNSCHEN: Ermüdung ist mir so unerträglich, wie mir's der Hunger ist.

ERNST: Ach, ich kann nicht mehr.

HÄNSCHEN: Diese leuchtende Muskateller[229] noch!

ERNST: Ich bringe die Elastizität nicht mehr auf.[230]

HÄNSCHEN: Wenn ich die Ranke beuge, baumelt sie uns von Mund zu Mund. Keiner braucht sich zu rühren. Wir beißen die Beeren ab und lassen den Kamm zum Stock zurückschnellen.

ERNST: Kaum entschließt man sich, und siehe, so dämmert auch schon die dahingeschwundene Kraft wieder auf.

HÄNSCHEN: Dazu das flammende Firmament – und die Abendglocken – Ich verspreche mir wenig mehr von der Zukunft.

ERNST: – Ich sehe mich manchmal schon als hochwürdigen Pfarrer – ein gemütvolles Hausmütterchen, eine reichhaltige Bibliothek und Ämter und Würden[231] in allen Kreisen. Sechs Tage hat man, um nachzudenken, und am siebenten tut man den Mund auf. Beim Spazierengehen reichen einem Schüler und Schülerinnen die Hand, und wenn man nach Hause kommt, dampft der Kaffee, der Topfkuchen wird aufgetragen,[232] und durch die Gartentür bringen die Mädchen Äpfel herein. – Kannst du dir etwas Schöneres denken?

HÄNSCHEN: Ich denke mir halbgeschlossene Wimpern, halbgeöffnete Lippen und türkische Draperien. – Ich glaube nicht an das Pathos. Sieh, unsere Alten zeigen uns lange Gesichter, um ihre Dummheiten zu bemänteln. Untereinander nennen sie sich Schafsköpfe wie wir. Ich kenne das. – Wenn ich Millionär bin, werde ich dem lieben Gott ein Denkmal setzen. – Denke dir die Zukunft als Milchsette mit Zucker und Zimt.[233] Der eine wirft sie um und heult, der andere rührt alles durcheinander und schwitzt. Warum nicht abschöpfen? – Oder glaubst du nicht, daß es sich lernen ließe.

ERNST: – Schöpfen wir ab!

HÄNSCHEN: Was bleibt, fressen die Hühner.[234] – Ich habe meinen Kopf nun schon aus so mancher Schlinge gezogen. . . .

ERNST: Schöpfen wir ab, Hänschen! – Warum lachst du?

HÄNSCHEN: Fängst du schon wieder an?

ERNST: Einer muß ja doch anfangen.

HÄNSCHEN: Wenn wir in dreißig Jahren an einen Abend wie heute zurückdenken, erscheint er uns vielleicht unsagbar schön!

ERNST: Und wie macht sich jetzt alles so ganz von selbst!

HÄNSCHEN: Warum also nicht!

ERNST: Ist man zufällig allein – dann weint man vielleicht gar.

HÄNSCHEN: Laß uns nicht traurig sein! – (*Er küßt ihn auf den Mund.*)

ERNST (*küßt ihn*): Ich ging von Hause fort mit dem Gedanken, dich nur eben zu sprechen und wieder umzukehren.

HÄNSCHEN: Ich erwartete dich. – Die Tugend kleidet nicht schlecht, aber es gehören imposante Figuren hinein.[235]

ERNST: Uns schlottert sie noch um die Glieder. – Ich wäre nicht ruhig geworden, wenn ich dich nicht getroffen hätte. – Ich liebe dich, Hänschen, wie ich nie eine Seele geliebt habe . . .

HÄNSCHEN: Laß uns nicht traurig sein! – Wenn wir in dreißig Jahren zurückdenken, spotten wir ja vielleicht! – Und jetzt ist alles so schön! Die Berge glühen; die Trauben hängen uns in den Mund und der Abendwind streicht an den Felsen hin wie ein spielendes Schmeichelkätzchen. . . .

Helle Novembernacht. An Busch und Bäumen raschelt das dürre Laub. Zerrissene Wolken jagen unter dem Mond hin. – Melchior klettert über die Kirchhofmauer.

MELCHIOR (*auf der Innenseite herabspringend*): Hierher folgt mir die Meute nicht. – Derweil sie Bordelle absuchen,[236] kann ich aufatmen und mir sagen, wie weit ich bin. . . .

Der Rock in Fetzen, die Taschen leer – vor dem Harmlosesten bin ich nicht sicher. – Tagsüber muß ich im Walde weiterzukommen suchen . . .

Ein Kreuz habe ich niedergestampft. – Die Blümchen wären heut noch erfroren! – Ringsum ist die Erde kahl. . . .

Im Totenreich! –

Aus der Dachluke zu klettern war so schwer nicht wie dieser Weg! – Darauf nur war ich nicht gefaßt gewesen . . .

Ich hänge über dem Abgrund – alles versunken, verschwunden – o wär ich dort geblieben!

Warum sie um meinetwillen! – Warum nicht der Verschuldete! – Unfaßbare Vorsicht![237] – Ich hätte Steine geklopft und gehungert . . .!

Was hält mich noch aufrecht? – Verbrechen folgt auf Verbrechen. Ich bin dem Morast überantwortet.[238] Nicht soviel Kraft mehr, um abzuschließen . . .

Ich war nicht schlecht! – Ich war nicht schlecht! – Ich war nicht schlecht . . .

– So neiderfüllt ist noch kein Sterblicher über Gräber gewandelt. – Pah – – ich brächte ja den Mut nicht auf! – Oh, wenn mich Wahnsinn umfinge – in dieser Nacht noch!

Ich muß drüben unter den letzten suchen! – Der Wind pfeift auf jedem Stein aus einer anderen Tonart – eine beklemmende Symphonie! – Die morschen Kränze reißen entzwei und baumeln an ihren langen Fäden stückweise um die Marmorkreuze – ein Wald von Vogelscheuchen! – Vogelscheuchen auf allen Gräbern, eine greulicher als die andere – haushohe, vor denen die Teufel Reißaus nehmen. – Die goldenen Lettern blinken so kalt . . . Die Trauerweide

ächzt auf und fährt mit Riesenfingern über die Inschrift . . .[239]
Ein betendes Engelskind – Eine Tafel –
Eine Wolke wirft ihren Schatten herab. – Wie das hastet und
heult! – Wie ein Heereszug jagt es im Osten empor. – Kein Stern
am Himmel –
Immergrün um das Gärtlein? – Immergrün? – – Mädchen . . .
Und ich bin ihr Mörder. – Ich bin ihr Mörder! – Mir bleibt die
Verzweiflung. – Ich darf hier nicht weinen. – Fort von hier! – Fort –
MORITZ STIEFEL (*seinen Kopf unter dem Arm, stapft über die Gräber her*):
Einen Augenblick, Melchior! Die Gelegenheit wiederholt sich so
bald nicht. Du ahnst nicht, was mit Ort und Stunde zusammenhängt
. . .
MELCHIOR: Wo kommst du her?!

Hier ruht in Gott

Wendla Bergmann

geboren am 5. Mai 1878

gestorben an der Bleichsucht den

27. Oktober 1892.

Selig sind, die reinen Herzens sind . .

MORITZ: Von drüben – von der Mauer her. Du hast mein Kreuz
umgeworfen. Ich liege an der Mauer. – Gib mir die Hand, Melchior
. . .
MELCHIOR: Du bist *nicht* Moritz Stiefel!
MORITZ: Gib mir die Hand. Ich bin überzeugt, du wirst mir Dank
wissen. So leicht wird's dir nicht mehr! Es ist ein seltsam glückliches
Zusammentreffen. – Ich bin extra heraufgekommen . . .
MELCHIOR: Schläfst du denn nicht?
MORITZ: Nicht was ihr Schlafen nennt. – Wir sitzen auf Kirchtürmen,
auf hohen Dachgiebeln – wo immer wir wollen . . .
MELCHIOR: Ruhelos?

MORITZ: Vergnügungshalber. – Wir streifen um Maibäume, um
einsame Waldkapellen. Über Volksversammlungen schweben wir
hin, über Unglücksstätten, Gärten, Festplätze. – In den Wohn-
häusern kauern wir im Kamin und hinter den Bettvorhängen. – Gib
mir die Hand. – Wir verkehren nicht untereinander, aber wir sehen
und hören alles, was in der Welt vor sich geht. Wir wissen, daß alles
Dummheit ist, was die Menschen tun und erstreben, und lachen
darüber.

MELCHIOR: Was hilft das?

MORITZ: Was braucht es zu helfen? – Wir sind für nichts mehr erreich-
bar, nicht für Gutes noch Schlechtes. Wir stehen hoch, hoch über
dem Irdischen – jeder für sich allein. Wir verkehren nicht miteinander, weil uns das zu langweilig ist. Keiner von uns hegt noch
etwas, das ihm abhanden kommen könnte.[240] Über Jammer oder
Jubel sind wir gleich unermeßlich erhaben.[241] Wir sind mit uns zufrieden und das ist alles! – Die Lebenden verachten wir unsagbar,
kaum daß wir sie bemitleiden. Sie erheitern uns mit ihrem Getue, weil
sie als Lebende tatsächlich nicht zu bemitleiden sind. Wir lächeln bei
ihren Tragödien – jeder für sich – und stellen unsere Betrachtungen
an. – Gib mir die Hand! Wenn du mir die Hand gibst, fällst du um
vor Lachen über dem Empfinden, mit dem du mir die Hand gibst . . .

MELCHIOR: Ekelt dich das nicht an?

MORITZ: Dazu stehen wir zu hoch. Wir lächeln! – An meinem
Begräbnis war ich unter den Leidtragenden. Ich habe mich recht
gut unterhalten. Das ist Erhabenheit, Melchior! Ich habe geheult
wie keiner, und schlich zur Mauer, um mir vor Lachen den Bauch
zu halten.[242] Unsere unnahbare Erhabenheit ist tatsächlich der einzige
Gesichtspunkt, unter dem der Quark sich verdauen läßt . . . Auch
über mich will man gelacht haben,[243] eh ich mich aufschwang!

MELCHIOR: – Mich lüstet's nicht,[244] über mich zu lachen.

MORITZ: . . . Die Lebenden sind als solche wahrhaftig nicht zu bemitleiden! – Ich gestehe, ich hätte es auch nie gedacht. Und jetzt ist es
mir unfaßbar, wie man so naiv sein kann. Jetzt durchschaue ich den
Trug so klar, daß auch nicht ein Wölkchen bleibt. – Wie magst du
nur zaudern, Melchior! Gib mir die Hand! Im Halsumdrehen[245]
stehst du himmelhoch über dir. – Dein Leben ist Unterlassungssünde.
. . .

MELCHIOR: – Könnt ihr vergessen?

MORITZ: Wir können alles. Gib mir die Hand! Wir können die Jugend bedauern, wie sie ihre Bangigkeit für Idealismus hält, und das Alter, wie ihm vor stoischer Überlegenheit das Herz brechen will. Wir sehen den Kaiser vor Gassenhauern und den Lazzaroni[246] vor der jüngsten Posaune beben. Wir ignorieren die Maske des Komödianten und sehen den Dichter im Dunkeln die Maske vornehmen.[247] Wir erblicken den Zufriedenen in seiner Bettelhaftigkeit, im Mühseligen und Beladenen den Kapitalisten.[248] Wir beobachten Verliebte und sehen sie voreinander erröten, ahnend, daß sie betrogene Betrüger sind. Eltern sehen wir Kinder in die Welt setzen, um ihnen zurufen zu können: Wie glücklich ihr seid, solche Eltern zu haben! – und sehen die Kinder hingehn und desgleichen tun. Wir können die Unschuld in ihren einsamen Liebesnöten, die Fünfgroschendirne über der Lektüre Schillers belauschen. . . . Gott und den Teufel sehen wir sich voreinander blamieren und hegen in uns das durch nichts zu erschütternde Bewußtsein, daß beide betrunken sind. . . . Eine Ruhe, eine Zufriedenheit, Melchior –! Du brauchst mir nur den kleinen Finger zu reichen. – Schneeweiß kannst du werden,[249] eh sich dir der Augenblick wieder so günstig zeigt!

MELCHIOR: – Wenn ich einschlage, Moritz, so geschieht es aus Selbstverachtung. – Ich sehe mich geächtet. Was mir Mut verlieh, liegt im Grabe. Edler Regungen vermag ich mich nicht mehr für würdig zu halten – und erblicke nichts, nichts, das sich mir auf meinem Niedergang noch entgegenstellen sollte. – Ich bin mir die verabscheuungswürdigste Kreatur des Weltalls . . . .

MORITZ: Was zauderst du . . .?

(Ein vermummter Herr tritt auf.)

DER VERMUMMTE HERR *(zu Melchior)*: Du bebst ja vor Hunger. Du bist gar nicht befähigt, zu urteilen. – *(Zu Moritz:)* Gehen Sie.

MELCHIOR: Wer sind Sie?

DER VERMUMMTE HERR: Das wird sich weisen.[250] – *(Zu Moritz:)* Verschwinden Sie! – Was haben Sie hier zu tun! – Warum haben Sie denn den Kopf nicht auf?

MORITZ: Ich habe mich erschossen.

DER VERMUMMTE HERR: Dann bleiben Sie doch, wo Sie hingehören. Dann sind Sie ja vorbei! Belästigen Sie uns hier nicht mit Ihrem Grabgestank. Unbegreiflich – sehen Sie doch nur Ihre Finger an. Pfui

Teufel noch mal! [251] Das zerbröckelt schon.

MORITZ: Schicken Sie mich bitte nicht fort. . . .

MELCHIOR: Wer sind Sie, mein Herr??

MORITZ: Schicken Sie mich nicht fort! Ich bitte Sie. Lassen Sie mich
hier noch ein Weilchen teilnehmen; ich will Ihnen in *nichts* entgegen
sein. – – Es ist unten so schaurig.

DER VERMUMMTE HERR: Warum prahlen Sie denn dann mit *Erhabenheit?!* – Sie wissen doch, daß das Humbug ist – saure Trauben!
Warum *lügen* Sie geflissentlich, Sie – Hirngespinst! – – Wenn Ihnen
eine so schätzenswerte Wohltat[252] damit geschieht, so bleiben Sie
meinetwegen. Aber hüten Sie sich vor Windbeuteleien, lieber
Freund – und lassen Sie mir bitte Ihre Leichenhand aus dem Spiel!

MELCHIOR: Sagen Sie mir endlich, wer Sie sind, oder nicht?!

DER VERMUMMTE HERR: Nein. – Ich mache dir den Vorschlag, dich mir
anzuvertrauen. Ich würde fürs erste[253] für dein Fortkommen sorgen.

MELCHIOR: Sie sind – mein Vater?!

DER VERMUMMTE HERR: Würdest du deinen Herrn Vater nicht an der
Stimme erkennen?

MELCHIOR: Nein.

DER VERMUMMTE HERR: – Dein Herr Vater sucht Trost zur Stunde in
den kräftigen Armen deiner Mutter. – Ich erschließe dir die Welt.
Deine momentane Fassungslosigkeit entspringt deiner miserablen
Lage. Mit einem warmen Abendessen im Leib spottest du ihrer.

MELCHIOR (*für sich*): Es kann nur *einer* der Teufel sein! – (*Laut:*) Nach
dem, was ich verschuldet, kann mir ein warmes Abendessen meine
Ruhe nicht wiedergeben!

DER VERMUMMTE HERR: Es kommt auf das Abendessen an! – So viel
kann ich dir sagen, daß die Kleine vorzüglich geboren hätte. Sie war
musterhaft gebaut. Sie ist lediglich den Abortivmitteln der Mutter
Schmidtin erlegen. – – Ich führe dich unter Menschen. Ich gebe dir
Gelegenheit, deinen Horizont in der fabelhaftesten Weise zu er-
weitern. Ich mache dich ausnahmslos mit allem bekannt, was die
Welt Interessantes bietet.

MELCHIOR: Wer sind Sie? Wer sind Sie? – Ich kann mich einem
Menschen nicht anvertrauen, den ich nicht kenne.

DER VERMUMMTE HERR: Du lernst mich nicht kennen, ohne dich mir
anzuvertrauen.

MELCHIOR: Glauben Sie?

DER VERMUMMTE HERR: Tatsache! – Übrigens bleibt dir ja keine Wahl.

MELCHIOR: Ich kann jeden Moment meinem Freunde hier die Hand reichen.

DER VERMUMMTE HERR: Dein Freund ist ein Scharlatan. Es lächelt keiner, der noch einen Pfennig in bar²⁵⁴ besitzt. Der erhabene Humorist ist das erbärmlichste, bedauernswerteste Geschöpf der Schöpfung!

MELCHIOR: Sei der Humorist, was er sei; Sie sagen mir, wer Sie sind, oder ich reiche dem Humoristen die Hand!

DER VERMUMMTE HERR: – Nun?!

MORITZ: Er hat recht, Melchior. Ich habe bramarbasiert. Laß dich von ihm traktieren²⁵⁵ und nütz ihn aus. Mag er noch so vermummt sein – er ist es wenigstens!

MELCHIOR: Glauben Sie an Gott?

DER VERMUMMTE HERR: Je nach Umständen.

MELCHIOR: Wollen Sie mir sagen, wer das Pulver erfunden hat?

DER VERMUMMTE HERR: Berthold Schwarz – alias Konstantin Anklitzen – um 1330 Franziskanermönch zu Freiburg im Breisgau.

MORITZ: Was gäbe ich darum, wenn er es hätte bleiben lassen!

DER VERMUMMTE HERR: Sie würden sich eben erhängt haben!

MELCHIOR: Wie denken Sie über Moral?

DER VERMUMMTE HERR: Kerl – bin ich dein Schulknabe?!

MELCHIOR: Weiß ich, was Sie sind!!

MORITZ: Streitet nicht! – Bitte, streitet nicht. Was kommt dabei heraus! – Wozu sitzen wir, zwei Lebendige und ein Toter, nachts um zwei Uhr hier auf dem Kirchhof beisammen, wenn wir streiten wollen wie Saufbrüder! – Es soll mir ein Vergnügen sein,²⁵⁶ der Verhandlung mit beiwohnen zu dürfen. – Wenn ihr streiten wollt, nehme ich meinen Kopf unter den Arm und gehe.

MELCHIOR: Du bist immer noch derselbe Angstmeier!

DER VERMUMMTE HERR: Das Gespenst hat nicht unrecht. Man soll seine Würde nicht außer acht lassen. – Unter Moral verstehe ich das reelle Produkt zweier imaginärer Größen. Die imaginären Größen sind *Sollen* und *Wollen*. Das Produkt heißt Moral und läßt sich in seiner Realität nicht leugnen.²⁵⁷

MORITZ: Hätten Sie mir das doch vorher gesagt! – Meine Moral hat mich in den Tod gejagt. Um meiner lieben Eltern willen griff ich zum Mordgewehr. „Ehre Vater und Mutter, auf daß du lange lebest." An mir hat sich die Schrift phänomenal blamiert.

DER VERMUMMTE HERR: Geben Sie sich keinen Illusionen hin, lieber Freund! Ihre lieben Eltern wären so wenig daran gestorben wie Sie. Rigoros beurteilt würden sie ja lediglich aus gesundheitlichem Bedürfnis getobt und gewettert haben.

MELCHIOR: Das mag soweit ganz richtig sein. – Ich kann Ihnen aber mit Bestimmtheit sagen, mein Herr, daß, wenn ich Moritz vorhin ohne weiteres die Hand gereicht hätte, einzig und allein[258] meine Moral die Schuld trüge.

DER VERMUMMTE HERR: Dafür bist du eben *nicht* Moritz!

MORITZ: Ich glaube doch nicht, daß der Unterschied so wesentlich ist – zum mindesten nicht so zwingend, daß Sie nicht auch *mir* zufällig hätten begegnen dürfen,[259] verehrter *Unbekannter*, als ich damals, das Pistol in der Tasche, durch die Erlenpflanzungen trabte.

DER VERMUMMTE HERR: Erinnern Sie sich meiner denn nicht? Sie standen doch wahrlich auch im letzten Augenblick noch zwischen *Tod* und *Leben*. – Übrigens ist hier meines Erachtens doch wohl nicht ganz der Ort, eine so tiefgreifende Debatte in die Länge zu ziehen.[260]

MORITZ: Gewiß, es wird kühl, meine Herren! – Man hat mir zwar meinen Sonntagsanzug angezogen, aber ich trage weder Hemd noch Unterhosen.

MELCHIOR: Leb wohl, lieber Moritz. Wo dieser Mensch mich hinführt, weiß ich nicht. Aber er ist ein Mensch . . .

MORITZ: Laß mich's nicht entgelten,[261] Melchior, daß ich dich umzubringen suchte! Es war alte Anhänglichkeit. – Zeitlebens wollte ich nur klagen und jammern dürfen,[262] wenn ich dich nun noch einmal hinausbegleiten könnte!

DER VERMUMMTE HERR: Schließlich hat jeder sein Teil – *Sie* das beruhigende Bewußtsein, *nichts* zu haben – du den enervierenden Zweifel an *allem*. – Leben Sie wohl.

MELCHIOR: Leb wohl, Moritz! Nimm meinen herzlichen Dank dafür, daß du mir noch erschienen. Wie manchen frohen ungetrübten Tag wir nicht miteinander verlebt haben[263] in den vierzehn Jahren! Ich verspreche dir, Moritz, mag nun werden was will, mag ich in den kommenden Jahren zehnmal ein anderer werden, mag es aufwärts oder abwärts mit mir gehn, *dich* werde ich nie vergessen . . .

MORITZ: Dank, Dank, Geliebter.[264]

MELCHIOR: ... und wenn ich einmal ein alter Mann in grauen Haaren bin, dann stehst gerade du mir vielleicht wieder näher als alle Mitlebenden.

MORITZ: Ich danke dir. – Glück auf den Weg, meine Herren! – Lassen Sie sich nicht länger aufhalten.[265]

DER VERMUMMTE HERR: Komm, Kind! – (*Er legt seinen Arm in denjenigen Melchiors und entfernt sich mit ihm über die Gräber hin.*)

MORITZ (*allein*): – Da sitze ich nun mit meinem Kopf im Arm. – – Der Mond verhüllt sein Gesicht, entschleiert sich wieder und sieht um kein Haar[266] gescheiter aus. – – So kehre ich denn zu meinem Plätzchen zurück, richte mein Kreuz auf, das mir der Tollkopf so rücksichtslos niedergestampft, und wenn alles in Ordnung, leg ich mich wieder auf den Rücken, wärme mich an der Verwesung und lächle...

Notes

1. *Mein einziges Herzblatt: das Herzblatt*, 'leaf of the heart' (of cabbage, etc.); 'sweetheart', 'darling'.

2. *Wenn du nur nicht zu kalt hast:* a regional form for 'wenn dir nur nicht zu kalt ist'.

3. *am wenigsten an die Beine:* ungrammatical for 'an den Beinen'; perhaps in order to heighten the conversational tone of the scene.

4. *Dann können wir andern nur auch aufhören!:* 'Then the rest of us might just as well stop, too.' An indication of Melchior's position as a tacitly recognized leader.

5. *Lieber wollt' ich ein Droschkengaul sein um der Schule willen!:* i.e. he would rather go on trotting along the same road with blinkers on; that would be much more satisfying as far as school was concerned.

6. *Altona:* Since 1937 a district of Hamburg. (The only indication of geographical location.)

7. *Es hat nichts zu sagen.:* 'It doesn't matter', 'never mind'.

8. *Charybdis:* 'Charybdis' (Cf. *Odyssey*, Book XII). A dangerous whirlpool on the coast of Sicily opposite the Italian rock *Scylla*. Used allusively, esp. in combination with Scylla. 'Zwischen Scylla und Charybdis sein' – to be between two equally great dangers.

9. *eine Dryade:* a 'dryad'. A nymph supposed to inhabit trees; a wood-nymph. Note Melchior's close association with nature and his identification with beauty. Cf. 'Wenn ich dich nicht als Wendla Bergmann kennte, ich hielte dich für eine junge Dryade' (I.5).

10. *im nämlichen Gemach:* 'im selben Zimmer'.

11. *muß sich das ja schließlich von selbst ergeben:* 'it must, after all, come about of its own'.

12. *und die Neugierde würde das Ihrige zu tun auch nicht verabsäumen:* Kutscher uses this turn of phrase as an illustration 'daß einmal (i.e. at times) eine hölzerne Redewendung sich einschleicht' (I, p. 253).

13. *So sprich doch frisch von der Leber weg!*: 'Come on, don't beat about the bush!' There are many more examples of colloquialisms in the play which lighten the sometimes stultifying atmosphere.

14. *sie wollten hinüber:* 'they wanted to get across to the other side'; whereas, so Moritz appears to think on reflexion, subconsciously they wanted to stay on the teacher's desk in order to provoke him. Moritz did not dare to watch the scene for long ('flüchtig'): a complex psycho-sexual drama in miniature.

15. *Todesangst:* Moritz' fear, expressed on his first appearance in the play, turns out to be only too well justified. (Wendla has similar forebodings: I.1.) Note Wedekind's italics. The question of sex and death remains closely linked throughout the play and not for Moritz alone, for he assumes Hänschen Rilow must have made his 'Testament' before broaching the subject to Lämmermeier (I.2).

16. *darauf gefaßt gewesen:* 'Ich bin darauf gefaßt': 'I am expecting something unpleasant to happen to me.'

17. *das erste Auftauchen:* 'the first appearance'.

18. *wir eigentlich in diesen Strudel hineingeraten?:* 'how, indeed we got into these bubbling waters?', i.e. into this swirling life. The central question for Moritz.

19. *Cœurdame:* 'queen of hearts'.

20. *den Kleinen Meyer:* the smaller edition of an encyclopedia popular at the time, published by Joseph Meyer (1796–1851).

21. *Ich werde nicht umhin können:* 'I shall have no choice but to . . .'

22. *in Leilichs anatomischem Museum:* 'Leilich' – (probably invented) name of owner of museum of anatomical models.

23. *Wenn es aufgekommen wäre:* 'if it had become known'; 'if I had been discovered'.

24. *der Fluß führe Sträucher und Bäume:* 'the river was carrying shrubs and trees'.

25. *'Wohl dem, der nicht wandelt':* 'Blessed is the man that walketh not in counsel of ungodly, nor standeth in the way of sinners, nor sitteth in the seat of the scornful' (Psalms I: 1–4). Note the sardonic irony of the quotation within the context of the scene.

26. *Papa schlägt mich krumm:* 'father would break every bone in my body'.

27. *es müßte ihnen doch etwas abgehen:* 'they would be most disappointed', 'they would feel badly cheated'.

28. *Rosa stehe mir:* 'pink suits me' (cf. *die Farbe/das Kleid steht dir*).

29. *Da habe man's, worauf ich ausgehe!:* 'there you are, that's what I was after', 'that's what I was aiming at' (the present tense in German makes the situation more dramatic).

30. *Ritsch:* 'Rip!'

31. *Ich schloß auf:* (unclear). Probably derived from the military meaning of 'aufschließen' (to close up): 'I huddled up.'

32. *meiner Lebtag:* 'never in my life' (here: gen. pl., dialect form).

33. *um das nächste Mal:* (presumably) 'to become a girl, next time'.

34. *den jungen Alexander, als er zu Aristoteles in die Schule ging:* 'young Alexander, when he studied under Aristotle'; the Greek philosopher A. was the tutor of Alexander of Macedonia, later to be known as Alexander the Great (356–323 B.C.). The remark may also be designed to illustrate how irrelevant the girls' studies are to their lives.

35. *wie Sokrates in der Tonne lag, als ihm Alexander den Eselsschatten verkaufte:* She betrays her ignorance by giving a very muddled account of several Greek stories, e.g., it was the philosopher Diogenes who is reputed to have lived in a barrel. When Alexander the Great asked how he could help him, Diogenes requested that Alexander should allow the sunshine on him.

36. *wo Moritz Stiefel steckt?:* 'where Moritz Stiefel is? '*Wo steckt er denn?*' expresses the difficulty of finding someone.

37. *Dem kann's schlecht gehn!:* 'he could come to a bad end!'

38. *Der treib's so lange, bis er noch mal ganz gehörig reinfliegt!:* 'He ll go on until, one day, he'll land in a proper mess.'

39. *Weiß der Kuckuck:* 'God knows!' (euphemism).

40. *Ich möchte nichts gesagt haben:* 'I'd better say nothing', 'I'd better shut up!'

41. *bei dieser Zensur:* (here) the time when school reports were handed out ('Osterzensur', 'Sommerzensur').

42. *an die Luft fliegt:* 'an die Luft fliegen', 'to be kicked out'; 'to be dismissed unceremoniously'.

43. *Ich bin promoviert:* 'I have been put up (into the next higher form)'; (but 'ich habe promoviert': 'I have been awarded my doctorate.')

44. *daß du so weggekommen:* 'that you got away so lightly . Note the frequent omissions of the auxiliary verb.

45. *was auf dem Spiel stand:* 'how much there was at risk'.

46. *ich schlage das Protokoll auf:* 'I open the minute-book.'

47. *Die Eselsbank abgerechnet:* 'apart from the dunce's seat'.

48. *Dazu habe ich diesmal zu tief hinuntergeblickt:* 'I have looked too deep into the abyss for that.'

49. *Eine Maulschelle drauf:* 'I'll eat my hat if you do it'; (*eine Maulschelle*, 'a slap in the face').

50. *Schert dich das?:* 'What difference does it make to you?'; 'What business is that of yours?'

51. *die Kreuz und Quer:* 'in all directions'.

52. *die Wohnungen strotzen von Unrat:* 'the flats are full of filthy litter/rubbish'; (*strotzen*, 'to abound').

53. *eure Schlepphosen:* your trousers with bottoms trailing/dragging on the ground; (*Schlepphose:* probably a nonce-word, i.e. coined for this one occasion; not listed in any dictionary.)

54. *Abend für Abend:* 'every single evening'.

55. *andern Tags:* 'the next day'.

56. *Die zieht Blut:* 'it draws blood'.

57. *Was fällt dir ein?:* 'What an idea!', 'How can you think of such a thing?'

58. *Was ist denn dabei?:* 'But why not?' (coll.).

59. *Er kehrt sich nicht daran:* 'He takes no notice of it', 'He pays no attention to it.'

60. *sondern drischt wie wütend auf sie los:* 'but starts thrashing her like mad'/ or 'in a towering rage'.

61. *wie der besoffene Polyphem:* 'like the befuddled cyclops Polyphemus'. Odysseus, prisoner in the cave of the one-eyed P., makes him drunk with wine and blinds him with the red-hot point of an olive-pole, thus thwarting P.'s plan to eat him and his crew one by one (Homer's *Odyssey*, Book IX).

62. *mir ward gleich wieder unsagbar melancholisch zumute:* 'at once a feeling of immense melancholy came over me again'. Note the lit. *ward* for *wurde.*

63. *Er kann, wann er will, Söldner . . . werden:* 'He can become a mercenary . . ., if he wants to'; *wann* coll. for *wenn.*

64. *rührt meinen Vater der Schlag:* 'my father will have a stroke'. (*Schlag* abbreviation of *Schlaganfall.*)

65. *auf daß der Kelch ungenossen vorübergehe:* 'so that I should not have to go through it'. Cf. St Matthew XXVI, 42: 'He went away again the second time, and prayed, saying, O my Father, if this cup may not pass away from me, except I drink it, thy will be done.'

66. *Ich hätte nicht übel Lust, mich in die Zweige zu hängen:* 'I wouldn't mind at all to hang myself on a tree.' Another highly literary, very non-naturalistic form. The following 'Wo Mama mit dem Tee nur bleibt?' breaks off this gloomy mood with Heine-like irony. Cf. Introduction, p. xxix.

67. *Wie sich . . . der Garten dehnt . . . als ging er ins Unendliche:* 'How the garden expands . . . into infinity.' Moritz has a notion of the world in an unreal, endless perspective. There is a romantic fairy-tale quality about the whole passage, sharply contrasting with the harsh world in which Moritz lives. Here we meet the motive of 'Kopflosigkeit' for the first time: „Die kopflosen Gespenster gehören der Sphäre des Totenglaubens an. . . . Besonders erscheinen alle die kopflos, die eines vorzeitigen, gewaltsamen oder unnatürlichen Todes gestorben sind . . ." (*Handwörterbuch des deutschen Aberglaubens*, vol. 5). Cf. Introduction, p. xxviii.

68. *Verwünschter Unsinn!:* 'Awful nonsense!'

69. *Mittelhochdeutsch:* 'Middle High German'; medieval German literature reached its golden age around 1200.

70. *Die schriftlichen Arbeiten:* 'written homework'.

71. *'Faust':* Goethe's *Faust*, Part I, was published in 1808. Not surprisingly the two boys are greatly attracted by the plot which deals with Gretchen's seduction by Faust; she was left with child and died in prison. Melchior's condemnation of Faust foreshadows his own guilt and remorse.

72. *Wir sind gerade in der Walpurgisnacht:* 'We've just got to the *Walpurgisnacht.*' The *Walpurgisnacht* (witches' sabbath) is an interlude in *Faust* with several erotic passages. No wonder Frau Gabor is worried.

73. *daß ich das Werk in seiner ganzen Erhabenheit zu erfassen noch nicht imstande bin:* 'that I am not able yet to grasp the work in all its sublimity'. The woodenness of expression is likely to be deliberate here to point to a certain degree of immaturity in Melchior, despite his advanced ideas.

74. *zu zweit:* 'the two of us together'.

75. *Ploetz:* Karl Julius Ploetz (1819–81), author of a standard history textbook.

76. *Am heftigsten zog mich in Mitleidenschaft:* 'What affected me most was . . .'

77. *So bin ich nun zum dritten Male Tante geworden:* Wedekind, very unobtrusively, lets us into the secret that Ina has had a shotgun marriage: shortly afterwards the mother refers to Ina's 'second wedding anniversary' and later in the scene Wendla mentions that Ina had been married for two and a half years. The age of Wendla and Melchior (14) would in any case exclude the possibility of another such marriage. Frau Bergmann deserves some sympathy, though this does not absolve her from responsibility for the death of her daughter.

78. *Ein Mann . . . – dreimal so groß wie ein Ochse:* this and Wendla's following speech provide a good example of Wedekind's bizarre humour; also a counterpart, in a happy key, to the creation of the myth of the 'kopflose Königin'; cf. Note 67.

79. *Die Wacht am Rhein:* Written in 1840 by Max Schneckenburger; it became a national anthem thirty years later.

80. *Und habe gar keinen Begriff, wie das alles zugeht:* 'and I have no idea how it all comes about'.

81. *O du grundgütige Allmacht!:* 'Good heavens'; 'Goodness, gracious me!'

82. *Hast du zu Nacht gebetet, Desdemona:* 'Have you prayed tonight, Desdemona?' (*Othello*, V.2).

83. *Venus von Palma Vecchio:* This 'Venus' painting must have made a great impression on Wedekind. He particularly recommends it to his mother, who lived at the time in Dresden, where it was housed in the famous art gallery, the 'Zwinger': „In dem Venussaal zur linken liegt in einer traumhaften Landschaft hingestreckt das reizende, entzückend unschuldsvolle Mädchen – es ist von Palma vecchio [*sic*] – das Hänschen Rilow so verhängnisvoll geworden. Wenn

Du ihr mal wieder gegenüberstehst, so bitte ich Dich, sie von Hänschen Rilow und mir zu grüßen" (Paris, 7 January 1893).

84. *die angestammte Herrin:* 'the ancestral mistress'.

85. *Die Sache will's:* 'It is the cause, it is the cause, my soul; / Let me not name it to you, you chaste stars!' (*Othello*, V. 2). Othello kills Desdemona and Hänschen Rilow does away with his many 'beloveds' for a different but, in his view, equally compelling reason.

86. *Die Kehle schnürt sich mir zu:* 'I can hardly breathe'; 'I am choking'.

87. *Psyche von Thumann; Galathea von Lossow; ein Amor von Bouguereau; Ada von J. van Beers; Lurlei von Bodenhausen; die Verlassene von Linger:* largely forgotten paintings and artists.

88. *Jo von Correggio:* Correggio (1489–1534), famous Italian artist; his 'Jupiter und Io' hangs in the Kunsthistorisches Museum in Vienna.

89. cf. note 87.

90. *Leda von Makart:* Hans Makart (1840–84); Austrian artist.

91. *sieben . . . sind dir vorangeeilt:* in fact, he enumerates only six; but then he speaks of the *siebenten Gattenmord* (he feels married to all these women). The contradictions are probably meant to illustrate the present feverishness of his mind.

92. *die Loni von Defregger:* Franz von Defregger (1835–1921); Austrian painter, best known for his paintings of Tyrolean peasants.

93. *Heliogabalus:* Roman emperor, early third century, notorious for his debauchery.

94. *Moritura me salutat:* (Lat.) 'The woman who is about to die salutes me.' Variation on the original 'Morituri te salutant' ('*those* about to die salute you') which, according to Suetonius, the gladiators called out to the emperor.

95. *die heilige Agnes:* Saint Agnes, martyred in Rome in 303.

96. *Es ist ein Gewitter im Anzug:* 'a thunderstorm is threatening'.

97. *wollte ich mich . . . dazu bestimmen lassen:* 'were I to let myself be swayed'.

98. *Es wird mir stets zur Freude gereichen:* 'it will always give me pleasure'.

99. *Immerhin mußten sie auf das Schlimmste gefaßt sein:* 'still they had to expect the worst'.

100. *Ich müßte ja auf den Kopf gefallen sein:* 'I would have to be crazy.' Note the seemingly innocuous but significant reference to the 'Kopf'.

101. *es ist zum Totschießen!:* (coll.) 'it is too funny for words'; 'it makes me laugh'. Here used with tragic irony.

102. '*schlafe, mein Prinzchen, schlaf ein*': a cradle song attributed to Mozart ('Wiegenlied' K 350). Actually by Bernard Flies, a contemporary of Mozart. It has become a folk-song.

103. *Snandulia:* apparently a name coined by Moritz himself; the realistic ('Cäcilienfest') and the unreal begin to mingle in his mind.

104. *Snandulia tanzt nur mit Partien:* 'Snandulia only dances in (or: with) groups.' Moritz feels rejected as an individual.

105. *Ihre Seidenrobe war hinten und vorn ausgeschnitten ... bis zur Bewußtlosigkeit: bis zur Bewußtlosigkeit* often expresses 'extremely' (e.g. 'er war bis zur Bewußtlosigkeit betrunken'). The juxtaposition of the concrete *Taillengürtel* and the metaphorical *bis zur B.* results in a bitter-humorous effect.

106. *Sie kommen aus Ägypten ... und haben die Pyramiden nicht gesehen?!:* a metaphor of extraordinary incisiveness.

107. *Syenit:* 'syenite' (a kind of granite).

108. *Ich brauchte wohl ein Jahr:* 'I would need a year.'

109. *aus Leibeskräften:* 'with all my power'.

110. *dessen letztes Röcheln der Brüder Wohlergehen für das kommende Jahr erkauft:* 'whose last rattle will buy his brothers' well-being'.

111. *mein Freibillet:* (here) 'my ticket to freedom' – ('das Freibillet': usual meaning 'complimentary ticket').

112. *Sinkt die Schale, dann flattert der Falter davon:* 'When the case of the chrysalis (splits and) falls to the ground, the butterfly flutters away.' Moritz is beginning to feel unfettered by earthly bonds.

113. *Priapia!:* adj. derived from *Priapos* (Graeco-Roman god of fertility and virility).

114. *bei Nohl, bei* Fehrendorf, *bei* Padinsky, etc.: an assortment of international names alluding to Ilse's (i.e. life's) all-embracing compass. Brecht was Wedekind's successor in inventing bizarre names.

115. *Kling, kling – die wird springen!:* 'Ping! ping! it will shatter like glass.' An obscure remark as there is no point of reference for the *die.*

116. *eine verhauene Nudel:* 'a funny, eccentric chap'.

117. *nehme ich meine Entlassung:* 'I'll leave school.'

118. *wie wir* Räuber *spielten:* i.e. 'Räuber und Gendarm', 'cops and robbers'.

119. *Arabella, die Biernymphe, Andalusierin:* Moritz pretends he pursues the same life-style as Ilse.

120. *einmal auf allen vieren als weiblichen Nebuchod-Nosor:* Cf. Daniel 5, 33: 'The same hour was the thing fulfilled upon Nebuchadnezzar; and he was driven from men, *and did eat grass as oxen.*'

121. *lud sie voll Spitzkugeln:* loaded it with pointed bullets. (*Spitzkugeln* is technically wrong; the right word for the lead projectile in a cartridge, if it were pointed, would be *Spitzgeschoß.*)

122. *das Dings:* coll. for *das Ding.*

123. *und möchte mich an sonst niemand hängen:* 'and wouldn't like to have any other close friends'.

124. *ein Hü-Pferdchen:* 'a toy horse' (to which children say 'Hü' = 'gee-up').

125. *Die Sassaniden:* 'Sassenids'. Persian royal family founded by Antaxerxes I (464–424 B.C.).

126. *das Parallelepipedon:* 'parallelepiped', i.e. a prism whose base is a parallelogram.

127. *ich werde sagen, ich hätte mächtige Kristallspiegel über meinen Betten gehabt:* the whole passage is full of sexual implications.

128. *Daß ich nicht vergesse:* 'Oh, I mustn't forget.'

129. *Pestalozzi:* J. H. Pestalozzi (1746–1827); Swiss writer on education.

130. *J.-J. Rousseau:* (1712–78) author of *Émile* (on education) and *Le contrat social* (on political philosophy). The procedures which follow throw a grimly ironic light on the betrayal of Rousseau's and Pestalozzi's ideals.

131. *zum Ausbruch gelangt:* 'broken out'; *zum Ausbruch gelangen* instead of *ausbrechen* is just one example of the convoluted 'Professorendeutsch' which these grotesque cardboard figures speak.

132. *Ich kann mich nicht länger der Überzeugung verschließen:* 'I can no longer suppress my conviction.'

133. *Wetzlarer Kammergericht:* Officially the supreme court of the Holy Roman Empire between 1693–1806 whose stuffiness, procrastinations and inefficiency became a by-word. It acquired literary fame (and notoriety) through Goethe's novel *Die Leiden des jungen Werther* and his autobiographical *Dichtung und Wahrheit* (Part III, Book 12).

134. *die sonstige Qualifikation:* 'his other (good) qualifications'.

135. *in die Stirnhöhle applizieren:* 'to have it built into his skull'.

136. *Das brauche ich mir nicht gefallen zu lassen:* 'I don't have to put up with that.'

137. *Ich bin meiner fünf Sinne mächtig:* 'I am in command of my five senses.'

138. *um einigen Anstand ersuchen:* 'to preserve their manners'; 'request some measure of decorum'.

139. *an einem nicht zur Sache gehörigen Orte:* in an unmentionable (literally 'irrelevant') place, i.e. 'lavatory'.

140. *Anforderungen . . . (zu) stellen:* 'to make demands'.

141. *das Versprechen erteilt* (haben): 'given the promise'.

142. *des weiland Ruchlosen:* 'of the deceased wicked (boy)'. To call a deceased person *ruchlos* (utterly wicked) is outrageous, particularly coming from such an eminent member of society. 'De mortuis nihil nisi bene' (Lat.: if you have nothing good to say about a dead person, better say nothing at all) should be second nature to him.

143. *In erster Linie:* 'first of all'.

144. *das ihm . . . zur Last fallende Vergehen:* 'the offence he is accused of'.

145. *Verdankt dieses . . . Ihnen seine Abfassung?:* 'Are you the author of this document?'

146. *Es ist ja der* Langenscheidt *zur dreistündigen Erlernung des aggluttinierenden Volapük:* 'It is, indeed, a *manual* to learn something quite unnatural in all its twists and turnings within three hours.' 'Aggluttinierend', in its literal meaning, refers to agglutinative languages (e.g. Hungarian, Turkish, etc.) in which word endings modify the meaning, e.g. in Hungarian: hajo, ship; hajo-ban, in the ship, etc. The compressed formulation perfectly expresses Rektor Sonnenstich's explosive rage. *Langenscheidt:* Gustav Langenscheidt (1832–95), linguist and publisher. *Volapük:* an artificial language, popular in the 1880s, but then widely replaced by Esperanto.

147. *der Junge war nicht von mir!:* 'The boy is not my son.'

148. *von klein auf:* 'ever since he was little'.

149. *der denkbar bedenklichste Verstoß:* 'the crassest offence imaginable'.

150. *Wir wissen, daß denen, die Gott lieben, alle Dinge zum besten dienen I. Korinth. 12, 15:* the quotation actually comes from Rom. I. 28 and not from Cor. The incorrect attribution is, no doubt, intended as a dig at the defective erudition of Pastor Kahlbauch.

151. *Wir hätten ihn ja wahrscheinlich doch nicht promovieren können!:* 'It is unlikely that we could have put him up into the next form' (and that would have been an unbearable disgrace for his father).

152. *des allerbestimmtesten:* 'most certainly'; 'definitely'.

153. *Du bist Familienvater:* implies that Moritz was not really one of his family; it also bolsters Herr Stiefel's self-importance as *pater familias*.

154. *Vertraue dich meiner Führung:* 'Entrust yourself to my guidance.' Bombastic assurance of a hollow friendship the flimsiness of which is borne out by his concern for the bad weather and for his own health which follows immediately.

155. *daß einem die Därme schlottern:* 'it's enough to give one diarrhoea'.

156. *hat seine Herzklappenaffektion weg!:* 'will have his coronary in no time!'

157. *du ehrliche Haut:* 'you honest chap'.

158. *hingeopferten Angedenkens:* 'of cherished memory'; 'albeit sacrificed'.

159. *ganz ergebenst zu Gnaden:* 'most humbly'. Archaic 18th-century phrase, here used with ambiguous mock humility.

160. *Hat sich die Pistole gefunden?:* 'Was the revolver found?' The *sich* form is used to preserve the anonymity of the finder. (Cf. 'es wird sich alles finden': 'things will sort themselves out'.)

161. *Verfluchter, verdammter Schwindel:* Cf. Moritz: 'Ihr solltet kein tolles Spiel mit dem Schwindel treiben' shortly before his suicide (II. 7), i.e. both boys realize the deceitful nature of the society they live in.

162. *Ich habe noch keinen Erhängten gesehen, den man . . .:* A pointer towards previous suicides by boys, or juvenile boasting?

163. *Was Teufel!!* 'Why the devil do you say that?'

164. *Mir ist er . . . schuldig:* 'he owes me'.

165. *Paperlapap:* 'Rubbish!'

166. *Demokrit:* Democritus (470/60 – about 380 B.C.), Greek philosopher.

167. *auf morgen:* = *für morgen.*

168. *Schläge bekomme ich ja doch:* 'Whatever I do I'll get a beating anyhow.'

169. *Es soll eine Pracht werden:* It is only in death that Moritz is associated with splendour.

170. *Meine Hand darauf:* 'I give you my word.'

171. *über und über:* 'all over'.

172. *man durfte . . .:* 'they could not . . .'; note the repetition of the impersonal *man:* she accuses everybody but does not dare to accuse anyone in particular.

173. *Und nun mein Kind* = *Und nun, da mein Kind . . .*

174. *den Zöpfen . . . in den Schuß zu laufen:* 'to cross the path of those old fogeys'. *Der Zopf,* 'plait of hair', 'tress', 'pigtail'; metaphorically, 'old fogey' (*ein verzopfter Mensch,* 'a very old fashioned/antediluvian person') – *in den Schuß laufen* (hunting language), 'to come into the line of fire'.

175. *Von jeher:* 'always'; 'for years and years'; 'from time immemorial'.

176. *auf unsern heiligsten Ernst:* 'to our most serious and sacred attention'.

177. *Es soll mir nicht einfallen:* 'I wouldn't dream of it.'

178. *trägt er keine Schuld:* 'that's not his fault'.

179. *solange die Vernunft Mittel weiß:* 'as long as is reasonably possible'.

180. *Eine halbwegs gesunde Natur:* 'a fairly healthy nature'.

181. *Ob sich etwas . . . ausrichten läßt:* 'whether something can be done'.

182. *wie läßt sich dagegen aufkommen:* 'what can I say against that?'

183. *das in die Augen Springende:* 'what is so obvious'.

184. *Es ist gar nicht zu glauben:* 'you wouldn't believe it.'

185. *in aller Welt:* 'for goodness sake'.

186. *oder ganz nur Beschränktheit sein:* 'to be completely blinkered'.

187. *mit dem Unglück zu diskontieren:* 'to disregard misfortune'.

188. *dir das Herz zu entlasten:* 'to lighten your heavy heart'.

189. *es fehlte nur noch:* 'that would be the last straw'.

190. *das entsetzlichste Beispiel schwebt ihm vor Augen:* 'The types he would encounter would set him the worst possible example.' So sure is she of this that she uses the indicative in this and her preceding arguments, although the implication is 'if he were sent to . . .'.

191. *Halte dich an mich:* 'Make me responsible.'

192. *kaum ihrer Sprache mächtig:* 'hardly able to speak'.

193. *und was des unsinnigen Gewäsches mehr ist:* 'and all that senseless twaddle'.

194. *Man sucht sich . . . nutzbar zu machen:* 'They try to exploit.'

195. *Der Brief ist gefälscht. Es liegt Betrug vor. . . . Um so besser wird es für un sein:* the following interpretation is suggested: the first two sentences are spoken as if preceded by 'Du denkst also . . .' *Man sucht sich nutzbar zu machen* entails a deliberation on Herrn Gabor's part ('It could be that . . .'). Frau Gabor, however, clings to her desperate belief that Melchior is being sinned against and a *Bubenstück* perpetrated against him. Herr Gabor (who has prejudged the issue in Melchior's disfavour) seizes upon the term *Bubenstück* in a sense diametrically opposed to that in which Frau Gabor had used it: to his mind Melchior is the perpetrator. (*Das fürchte ich!*) Frau Gabor follows the direction of her lawyer-husband's thought but still rejects his conclusions (. . . *nie und nimmer!*). *Um so besser wird es für uns sein* arguably refers back to Herr Gabor's conviction that the letter was not forged. Were it forged, the cause would arouse even more, long drawn out publicity. In the circumstances, the matter can at least be dealt with swiftly and decisively: it will be best to send Melchior to a reformatory without ado. The passage demonstrates the abyss between Herr and Frau Gabor which was bound to have had its effect on Melchior; a situation paralleled in young Wedekind's own circumstances (cf. Introduction, p. xiii). Wedekind himself declared that *Frühlings Erwachen* represented 'ein sonniges Abbild des Lebens, in dem ich jeder einzelnen Szene an unbekümmertem Humor alles abzugewinnen suchte, was irgendwie daraus zu schöpfen war' (*G.W.*, IX, 448). The following remark therefore weighs the more heavily: 'Nur als Peripetie [turning-point] des Dramas fügte ich des Kontrastes wegen eine allen Humors bare Szene ein: Herr und Frau Gabor im Streit um das Schicksal ihres Kindes. Hier, kann ich meinen, müsse der Spaß aufhören. Als Vorbild hatte mir dazu die Szene: 'Trüber Tag, Feld' im I. Teil des *Faust* gedient.' (ibid.) Tilly Wedekind mentions 'tatsächlich stattgefundene Gespräche' between his parents which Wedekind had used in *Frühlings Erwachen* (op. cit., p. 94).

196. *den nämlichen Fall:* 'the very same case'.

197. *das Gesetz in Frage ziehen:* (here) 'to use the *law* as a yardstick'.

198. *Was soll's damit?:* 'What about it?'

199. *Wer es trifft, der hat's:* a disgusting practice which demonstrates how right Frau Gabor was with her fear of seeing Melchior in such an institution.

200. *Machst du nicht mit?:* 'Aren't you going to be in it, too?'

201. *Der Joseph:* = *der keusche Joseph,* i.e. 'a prude'; (*keusch,* 'chaste').

202. *Alles hält mich im Auge. Ich muß mitmachen – oder die Kreatur geht zum Teufel:* the first two clauses mark him out as an outsider even among outsiders; only by 'doing as the Romans do' can he hope to gain their assistance for his plan to escape. *Kreatur* in all probability here expresses, 'I, the social animal, simply have to adapt myself.' Alternatively, it *may* refer to Wendla in the sense

of 'if I cannot escape, then I cannot stand by Wendla in which case she is bound to perish'.

203. *Die Gefangenschaft macht sie zu Selbstmördern:* this has apparently happened at times: cf. Dr Prokrustes' remarks *infra*.

204. *er besitzt hier Kenntnisse:* 'he knows what's what here' (i.e. he could help him to escape from the institution).

205. *Ich werde ihm die Kapitel . . . zum besten geben:* 'I'll give him a re-hash of the chapters . . .'; e.g. the story of Abishag of Shunam (Kings I, v. 3) relates how Abishag is brought to old King David to help him to keep warm: Melchior decides to tell Gaston 'sexy' stories to gain his assistance to escape.

206. *die verunglückteste Physiognomie:* 'the most abortive attempt at a face'.

207. *Ich hab's:* 'I've won.'

208. *Summa cum laude:* (Lat.) literally 'with highest praise'. The formula for an extraordinarily good academic achievement ('Distinction'); ironic.

209. *Hetz, Packan!:* 'At him!'; 'Seize him!'

210. *Und Moritz liegt mir wie Blei in den Füßen:* 'The thought of Moritz is like a dead weight on me.'

211. *per Hundert:* 'per hundred words'.

212. *Café Temperence:* place for cheap non-alcoholic drinks; started by temperance societies.

213. *Handle ich wie ich will, es bleibt Vergewaltigung:* 'Whatever I do I can't ignore the fact that it was rape.'

214. *kataleptischer Anfall:* cataleptic fit; (catalepsy: *Starrkrampf*, i.e. turning rigid).

215. *Blaudschen Pillen:* pills for anaemia, developed by Dr P. Blaud in France (Hahn I, p. 702).

216. *den Stahlweinen:* steeled wine; i.e. (red) wine with an infusion of steel; there was a pathetic belief in these doctored wines as a 'nerve tonic'; they must have contributed to Wendla's *schrecklichen Verdauungsstörungen* (*infra*).

217. *von Witzleben:* the name has, perhaps, an underlying irony: she owes her life to a *Witz* (joke), i.e. to misunderstanding the doctor's instructions.

218. *sobald sich die Lust dazu wieder einstellt:* 'as soon as your hearty appetite returns'.

219. *Seien Sie getrost:* 'Don't be downhearted.'

220. *Eine kurze Pracht:* 'a short-lived splendour' (a subconsciously symbolic reference to Wendla?)

221. *Manchmal wird mir so selig:* 'Sometimes my heart is full of ecstasy'; '. . . I feel really ecstatic.'

222. *Abendschein . . . Himmelsschlüssel:* allusive symbolism? (*Himmelsschlüssel* = 'key of heaven', 'cowslip').

223. *Zahnweh:* (here) euphemism for symptoms of pregnancy.

224. *und du sollst dann nur ruhig wieder aufstehen:* 'and there is no reason why you shouldn't get up then'.

225. *Behüt dich Gott:* Usually an unfelt form of greeting. Yet here the original meaning ('may God preserve you') expresses Ina's worry.

226. *ich wäre eher darauf gefaßt gewesen, daß die Sonne erlischt:* 'rather the sun fall from the heavens than that'.

227. *Mutter Schmidtin:* the cosy name is ironical: she is going to deprive Wendla of her motherhood.

228. *Winzer und Winzerinnen . . .:* 'vintagers'; 'grape-gatherers'. Note the evocation of atmosphere and Wedekind's use of allusion rather than symbolism in the stage directions.

229. *Diese leuchtende Muskateller noch:* a wonderfully simple, glowing phrase; (cf. Frau Gabor: '. . . frühlingsfroh . . . Morgenhimmel' in III.3).

230. *Ich bringe die Elastizität nicht mehr auf:* cf. Introduction, p. xiv. Without elasticity Ernst Röbel will collapse into extreme philistinism.

231. *Ämter und Würden:* 'Office and honours.'

232. *der Topfkuchen wird aufgetragen:* the *Gugelhupf* is served. *Topfkuchen* or *Napfkuchen*, better known as *Gugelhupf*: a round cake with a hole in the middle (or, for the mould, with the projection in the middle).

233. *Denke dir die Zukunft als Milchsette mit Zucker und Zimt . . . :* 'Imagine the future as a milk-dish sprinkled with sugar and cinnamon.' The *Warum nicht abschöpfen?* in this speech was regarded as a great provocation by the middle-classes (cf. Introduction, p. x f., on egotism). *die Sette,* usually the 'dish' itself, but here used for the contents.

234. *Was bleibt, fressen die Hühner:* 'What's left over is good enough only for the chickens', i.e. 'let's devour as much as we can and leave only what's worthless'. It echoes the cynical saying 'Wer's glaubt, wird selig', 'don't you believe it'.

235. *Die Tugend kleidet nicht schlecht, aber es gehören imposante Figuren hinein:* 'Virtue is a good thing but not for ordinary people like us' (*hineingehören*, 'to fit into its frame').

236. *Derweil sie Bordelle absuchen:* 'Whilst they [fathers, police] search the brothels.' Judging by their own standards they will, first of all, search for him there. Melchior's factualness strengthens his implicit indictment.

237. *Unfaßbare Vorsicht!:* 'Unfathomable providence'; (*Vorsicht* for *Vorsehung*).

238. *Ich bin dem Morast überantwortet:* 'I'm consigned to utter degradation'.

239. *fährt mit Riesenfingern über die Inschrift:* 'passes with gigantic fingers over the inscription'. Very typical for Wedekind's bizarre and grotesque imagination.

240. *das ihm abhanden kommen könnte:* 'that he could lose', i.e. physical possessions or illusions.

241. *Über Jammer oder Jubel sind wir gleich unermeßlich erhaben:* 'We are in equal measure high above misery or delight.'

242. *um mir vor Lachen den Bauch zu halten:* 'to split my sides with laughter'.

243. *Auch über mich will man gelacht haben:* 'I understand they laughed at me, too.'

244. *mich lüstet's nicht:* = ich habe keine Lust, 'I don't feel like . . .'

245. *Im Halsumdrehen:* 'in no time'; in analogy to *im Handumdrehen,* 'in a trice'. Note the grim humour.

246. *Lazzaroni:* (Italian) The homeless beggars of Naples.

247. *und sehen den Dichter im Dunkeln die Maske vornehmen:* 'and watch the poet put on his mask in the darkness' (as will happen in the play presently).

248. *im Mühseligen und Beladenen den Kapitalisten:* '(We dead look through all the paradoxes of life and recognize) the capitalist even in the downtrodden.' The gist of the passage is: to be able to watch the paradoxes of life with imperturbable tranquillity is the greatest contentment that death (alone) can bestow upon man.

249. *Schneeweiß kannst du werden:* (coll., slightly jocular) 'Your hair will be snow-white before you have another chance like this one.'

250. *Das wird sich weisen:* 'You'll see'; 'That remains to be seen.'

251. *Pfui Teufel noch mal:* (coll.) 'How disgusting!'

252. *eine so schätzenswerte Wohltat:* 'if it's all that important to you'.

253. *fürs erste:* 'above all'.

254. *in bar:* 'cash'.

255. *Laß dich von ihm traktieren:* 'let him give you a good time'.

256. *Es soll mir ein Vergnügen sein:* (conversational) 'It will be a pleasure for me.'

257. *Und läßt sich . . . nicht leugnen:* 'and (it) cannot be denied'.

258. *einzig und allein:* 'solely'.

259. *daß Sie nicht auch mir zufällig hätten begegnen dürfen:* 'that you could not have merely happened to run into me'.

260. *in die Länge ziehen:* 'to spin out'.

261. *Laß mich's nicht entgelten:* 'Don't make me pay (or: suffer) for it.'

262. *Zeitlebens wollte ich nur klagen und jammern dürfen:* 'I would be content to do nothing else for the rest of my days but to moan and to groan . . .'

263. *wir nicht miteinander verlebt haben:* 'we have spent together' (*nicht* – untranslated).

264. *Geliebter:* (here) 'my dearest friend'.

265. *Lassen Sie sich nicht länger aufhalten:* 'Don't let me detain you any longer.'

266. *um kein Haar:* 'not one bit'; 'not at all' (in comparisons).

Plays by Wedekind

(Based on Seehaus and Kutscher)

1886 *Der Schnellmaler* (pub. 1889); first performance: 1916

1887 *Elins Erweckung* (fragment)

1889 *Kinder und Narren* (later renamed *Die Junge Welt*); pub. 1891; first performance: 1908

1890–1 *Frühlings Erwachen* (pub. 1891); first performance: 1906

1891 *Der Liebestrank* (pub. 1899); first performance: 1900

1892 *Die Büchse der Pandora* (original version: unpublished)

1894 *Das Sonnenspektrum* (pub. 1920); first performance: 1922

1895 *Erdgeist* (new version of first part of *Die Büchse der Pandora*; first performance: 1898)

1897 *Der Kammersänger* (pub. and first performance: 1899)

1898–9 *Der Marquis von Keith* (pub. 1900); first performance: 1901

1901 *So ist das Leben* (later renamed *König Nicolo*); first performance: 1902

1903 *Hidalla* (later also known as *Karl Hetmann, der Zwergriese*); pub. 1904; first performance: 1905

1904 *Die Büchse der Pandora* (new version); pub. and first performance: 1904

1905 *Totentanz* (later renamed *Tod und Teufel*); first performance: 1906

1906 *Musik* (pub. 1907); first performance: 1908

1907 *Die Zensur* (pub. 1908); first performance: 1909

1909 *Schloß Wetterstein* (suppressed by censorship in Germany and Austria until 1919); first performance: Zurich, 1917

1911 *Franziska* (pub. and first performance: 1912)

1913 *Simson* (pub. and first performance: 1914)

1914 *Bismarck* (pub. 1916); first performance: 1926

1916 *Überfürchtenichts;* first performance: 1919

— *Herakles* (pub. 1917); first performance: 1919

Select Bibliography

I. WEDEKIND'S WORKS

Gesammelte Werke, 9 vols., Munich, 1912–21 (GW) [vols. 8 and 9 pub. post-humously, ed. Arthur Kutscher and Joachim Friedenthal]

Prosa–Dramen–Verse, 2 vols., ed. Hansgeorg Maier, Munich, 1954. (A more easily available selection.)

Werke, 3 vols., ed. Manfred Hahn, Berlin–Weimar, 1969. (Contains excerpts from Wedekind's diaries as well as some previously unpublished letters and poems.)

Unannotated paperback editions: *Frühlings Erwachen/Der Marquis von Keith* (1 vol.); *Erdgeist/Die Büchse der Pandora* (1 vol.); *Erzählungen* (1 vol.): Goldmann Gelbe Taschenbücher. *Frühlings Erwachen* (1 vol.); *Der Marquis von Keith* (1 vol.); Reclam.

II. WEDEKIND'S LETTERS

Gesammelte Briefe, 2 vols., ed. Fritz Strich, Munich, 1924.

Der vermummte Herr. Briefe Frank Wedekinds aus den Jahren 1881–1917. Munich, Deutscher Taschenbuch Verlag (*DTV*), 1967. (A selection.)

III. STUDIES

1. *In English*

Best, Alan, *Frank Wedekind*. London, Oswald Wolff, 1975; 125 pp. (The first monograph on Wedekind to be published in England; has a chapter on 'The Tragedy of Adolescence: *Frühlings Erwachen*'. Quotations in English.)

Gittleman, S.: *Frank Wedekind* (Twayne World Authors Series), New York 1969.

Pascal, Roy, *From Naturalism to Expressionism. German Literature and Society*

1880–1918. London, Weidenfeld and Nicolson, 1974. (Places Wedekind in the literary and social context of his time.)

2. In German

Brecht, Bertolt, *Schriften zum Theater*, vol. I ('Frank Wedekind'). Aufbau Verlag, Berlin and Weimar, 1964.

Brecht, Bertolt, *Tagebücher 1920–1922. Autobiographische Aufzeichnungen 1920–1954*. Frankfurt a. M., Suhrkamp, 1975.

Gundolf, Friedrich, 'Frank Wedekind.' In *Trivium* Jg. 6/1948; reprinted Munich, 1954.

Haemmerli-Marti, Sophie, 'Franklin Wedekind auf der Kantonsschule.' In *Aarauer Neujahrsblätter, 1942*. Published by the 'Literarische und Lese-Gesellschaft, Aarau'.

Haemmerli-Marti, Sophie, 'De Franklin' (in Schwyzer Tütsch); ibid., p. 22 ff.

Halder, Nold, 'Frank Wedekind und der Aargau.' In *100. Semesterblatt des Altherrnverbandes Industria in Aarau*, 1952.

Halder, Nold, 'Das Wedekind-Archiv in der aargauischen Kantonsbibliothek.' In *Aargauer Blätter*, Nr. 34, July 1964. .

Holitscher, A., *Lebensgeschichte eines Rebellen. Meine Erinnerungen*. Berlin, 1924.

Irmer, Hans-Jochen, *Der Theaterdichter Frank Wedekind. Werk und Wirkung*. Henschelverlag, Berlin (East), 1975. The first full-length study to be published on W. in the G.D.R.; stimulating. The political bias is distinct (W.'s anti-socialist utterances are disregarded) but this does not invalidate the merits of the work.

Kahane, Arthur, *Tagebuch eines Dramaturgen*. Berlin, 1928.

Kutscher, Arthur, *Frank Wedekind. Sein Leben und seine Werke*. Munich, Georg Müller, 1922–31; 3 vols. (The standard work on Wedekind; cf. Ude.)

Mann, Thomas, *Briefe 1889–1936*. Frankfurt a. M., 1961.

Martens, Kurt, *Schonungslose Lebenschronik*, 2 vols. Vienna and Berlin, 1921–4.

Mühsam, Erich, *Namen und Menschen. Unpolitische Erinnerungen*. Leipzig, 1949.

Münsterer, Hans Otto, *Erinnerungen und Gespräche mit Bert Brecht. Mit Briefen und Dokumenten*. Die Arche, Zurich, 1963.

Roda, Roda, 'Frank Wedekind. Überliefertes und Miterlebtes' (Anecdotes about W.). In *100. Semesterblatt* (cf. *supra*), p. 33 ff.

Rothe, Friedrich, 'Frühlings Erwachen. Zum Verhältnis von sexueller und sozialer Emanzipation bei Frank Wedekind.' In *studi germanici* (nuova serie), Anno VII, numero 1, February 1969.

Rothe, Friedrich, *Frank Wedekinds Dramen. Jugendstil und Lebensphilosophie*. Stuttgart, 1968.

Rudinoff, Willy, 'Wedekind unter den Artisten.' In *Der Querschnitt*, Jg. 10/1930.

Rüedi, Peter, 'Goethe und die Suppenwürfel. Frank Wedekind als Werbetexter.' In *Die Weltwoche*, Nr. 49, Zurich, 10 December 1975. (On the recent discovery of 150 advertising texts devised by W. for the firm of Maggi in 1886/7.)

Seehaus, Günter, *Frank Wedekind und das Theater*. Munich, 1964 (new edition, Verlag Rommerskirchen, Remagen, 1973). (A scholarly compendium of approx. 800 pp., with introduction and many historical photographs.)

Seehaus, Günter, *Frank Wedekind in Selbstzeugnissen und Bilddokumenten*. Hamburg, Rowohlt (rororo), 1974. (An attractive, mainly biographical introduction; much photographic material; paperback.)

Strich, Fritz, 'Frank Wedekind.' In Strich, *Dichtung und Zivilisation*. Munich, 1928.

Ude, Karl (ed.), *Wedekind. Leben und Werk*. Munich, List Verlag, 1964. (Abridged one-volume edition of Kutscher's work) (cf. Kutscher).

Völker, Klaus: *Frank Wedekind*. Velber, 1965. (A concise introduction; paperback.)

Wedekind, Tilly, *Lulu: Die Rolle meines Lebens*. Munich, 1969. (The very readable and informative memoirs of W.'s widow.)

Weinhöppel, Richard, 'Erinnerungen an Frank Wedekind. Aus dem Nachlaß von Hans Richard Weinhöppel'. *Kölnische Zeitung*, 31 March 1931.

Winterstein, Eduard von, *Mein Leben und meine Zeit*, 2 vols. Berlin, 1947. (The memoirs of a Wedekind actor.)

Witzke, Gert, *Das epische Theater Wedekinds und Brechts*. Tübingen, 1972. (A doctoral thesis of great interest.)

Vocabulary

Only words and phrases relating to the text of the play and likely to cause difficulty appear in this vocabulary, the use of which is intended to complement, and not to replace, that of a dictionary. The English meanings given are not necessarily the primary ones, but rather those which the contexts require.

abblitzen: to fail abysmally
abbröckeln: to drop off
sich abfinden (a, u): to make one's peace
abgerechnet: apart from discounting
abgerissen: tattered
der Abgrund (¨e): abyss
die Abhandlung (-en): treatise
abschließen (o, o): to make an end
abschnappen: to fall alseep suddenly
abschöpfen: to skim off
die Abstimmung -zur ~ bringen: to put to the vote
absuchen: to search
ahnend: having a notion
die Ahnung (-en): notion
der Allerbarmer: allmerciful God
allmählich: gradually
das Almosen (-): charity
die Amsel (-n): blackbird
die Andacht (-en): prayer meeting
das Andenken (-): souvenir
ander- ~n Tags: the next day
anekeln: to disgust
der Anfall (¨e): fit
die Anforderung- ~en stellen: to make demands
das Angedenken (-): memory
angefault: foul
die Angel (-n): door hinge

angestammt: ancestral
der Angstmaier (-): coward
die Anhänglichkeit (-en): loyalty
der Anlaß (Anlässe): motive
die Anschuldigung (-en): accusation
der Anspruch (¨e): claim
anspruchsvoll: exacting
die Anstalt (-en): institution
der Anstand (no pl.): behaviour
das Anstandsgefühl (-e): sense of propriety
die Anstrengung (-en): effort
der Antrag (¨e): motion
sich anvertrauen: to take into one's confidence
die Arbeit (-en): homework
die Art (-en): way
aufächzen: to groan
aufbringen (brachte~, a): to muster
sich aufdrängen: to press oneself upon a person
auferlegen: to impose
aufgespannt: open
aufkeimend: nascent
aufkommen (a, o) -dagegen~: to prevail against
aufreibend: exhausting
aufrichten: to put up
der Aufsatz (¨e): essay

sich aufschwingen (a, u): to soar up
die *Aufsicht (-en):* supervision
das *Auftauchen* (no pl.)*:* emergence
auftragen (u, a): to serve
die *Aureole (-n):* halo
die *Auseinandersetzung (-en):* exposition
ausnützen: to exploit
ausreichend: sufficient
die *Aussage (-n):* statement
die *Ausschweifung (-en):* dissipation

das *Bahrtuch (¨er):* shroud
der *Balg (¨e):* urchin
die *Bangigkeit (-en):* anxiety; uneasiness
die *Barmherzigkeit (-en):* mercy

beantragen: to propose
beben: to tremble
bedauernswert: pitiable
das *Bedürfnis (-se):* need
die *Beere (-n):* berry
befähigt: capable
befangen: self-conscious
befremden: to be disturbed; to be
taken aback
sich begeben (a, e): to set out on a
journey; to go
begießen (o, o): to water; to sprinkle
das *Begräbnis (-se):* funeral
der *Begriff (-e):* idea; notion
beiläufig: incidentally
der *Beischlaf* (no pl.)*:* sexual intercourse
beisetzen: to bury
beiwohnen -mit~: also to attend
beklemmend: depressing; oppressive
belästigen: to molest
belauschen: to listen to; to eavesdrop
bemänteln: to hide
bemerken: to note; to comment
die *Bergpredigt* (no pl.)*:* sermon on the
Mount
berückend: captivating; enchanting
beruhen -auf sich ~ lassen: to leave
something at that
die *Beschränktheit (-en):* (a personification
of) narrow-mindedness
besonnen: sensible; level-headed
besprengt: sprayed
bestätigen: to confirm
das *Bestehen* (no pl.)*:* existence

bestimmen -sich ~ lassen: to be swayed
die *Betrachtung -~en anstellen:* to ponder
der *Betreffende (-n):* the person concerned
der *Betrug* (no pl.)*:* fraud
die *Bettelhaftigkeit (-en):* beggarliness
die *Bettlade (-n):* bedstead
sich bewähren: to prove oneself
der *Bewahrer (-):* custodian
der *Beweis (-e):* proof
bezeichnen: to define
die *Bibliothek (-en):* library
blähen: to swell
sich blamieren: to make a fool of oneself;
to make oneself ridiculous
das *Blei* (pl. *Bleiarten*)*:* lead
bleiben (ie, ie)-~ lassen: to leave a
thing alone
die *Bleichsucht* (no pl.)*:* anaemia
blinken: to glisten; to gleam
der *Blitzableiter (-):* lightning conductor
das *Bordell (-e):* brothel
bramarbasieren: to brag; to swagger
die *Braut (¨e):* bride
die *Brennessel (-n):* stinging nettle
das *Bubenstück (-e):* piece of villainy
der *Buchstabe (-n):* letter; character
(a b c)
büffeln: to swot
bunt: colourful
bürgen: to guarantee
das *Bußgewand (¨er):* penitential robe
büßen: to atone for
der *Butterkloß (¨e):* (round shaped)
piece of butter

der *Dachgiebel (-):* gable
die *Dachluke (-n):* skylight
der *Dachziegel (-):* roofing tile
der *Darm (¨e):* intestine
darniederliegen (a, e): to be laid up
davonkommen (a, o): to get away
demgemäß: accordingly
denken (dachte, a) (gen.)*:* to remember
die *Denkungsweise (-n):* way of thinking
derweil: whilst
deshalb: that's why
die *Deutlichkeit (-en):* clarity
der *Dietrich (-e):* skeleton key
das *Dings* (coll.)*:* thing
die *Disposition (-en):* outline; structure

der *Droschkengaul* (¨e): cab-horse
drumwickeln: to wrap round
durchfallen (*ie, a*): to fail an examination
durchkosten: to taste one dish after another
dürr: dry

eben: just
der *Efeukranz* (¨e): wreath of ivy
die *Effekten* (no sing.): goods and chattels
eh (=*ehe*): before
ehemalig: former; at one time
ehern: iron (adj.)
die *Ehre* (-n): honour
die *Ehrerbietung* (-en): respect; deference
der *Eigennutz* (no pl.): self-interest
eigentümlich: strange
eigenwillig: obstinate
einfältig: simple (-minded); naïve
das *Eingemachte* (no pl.): preserved fruit
eingewurzelt- tief~: deep-rooted
eingreifen (*griff~, i*): to intervene
der *Einklang* (no pl.): agreement
einlassen (*ie, a*): to fit; to sink
die *Einleitung* (-en): introduction
einschlagen (*u, a*): to shake hands to solemnly confirm
einstehen (*a, a*): to vouch; to guarantee
der *Einwand* (¨e): objection
einzig: only
einzig und allein (emphatic): only
eklatant: striking
empfänglich: impressionable; receptive
empfehlen (*a, o*): to recommend
sich *empfehlen* (*a, o*): to take French leave
emporgereckt -mit dem ~ en Schweif: with its tail up
enervierend: enervating
die *Engelseinfalt* (no pl.): angelic naïvety
die *Entartung* (-en): degeneration; (here: 'such degenerate types')
entgegenstellen: to put an obstacle in the way
sich *enthalten* (*ie, a*): to abstain
die *Entlassung -seine ~ nehmen:* to leave (school, army etc.)

die *Entschiedenheit* (no pl.): resolution
entschleiert: unveiled; revealed
entseelt: soulless
entziehen (*entzog, o*): to deprive
erbärmlich: miserable
das *Erbrechen* (no pl.): vomiting
erbrechen (*a, o*) *-einen Brief ~:* to (break) open a letter
der *Erfolg* (-e): success
ergeben (*a, e*) *-sich von selbst ~:* to come about naturally
ergriffen: affected
die *Erhabenheit* (-en): sublimity
erhebend: elevating; uplifting
erheitern: to cheer up
die *Erlenpflanzung* (-en): copse of alder trees
erliegen (*a, e*): to succumb
ermitteln: to discover
der *Erpressungsversuch* (-e): attempt at blackmail
erschließen (*o, o*): to open up
ersetzen: to replace
erstreben: to aim at
ersuchen -um Anstand ~: to request to observe the proprieties
erwürgen: to strangle
die *Erziehung* (-en): education
die *Eselsbank* (¨e): dunce's seat
eventuell: possible
extra: especially

der *Fall* (¨e): case
der *Fasching* (no pl.): carnival
fassen (in I.2): to take; (in I.4): to grasp
die *Fassungslosigkeit* (no pl.): bewilderment
der *Fehltritt* (-e): lapse
festigen: to fortify
der *Fiaker* (-): (horse-drawn) cab
fleckenlos: untainted
flehentlich: imploring
fleischlich: carnal; physical
der *Flieder* (-): lilac
folgenschwer: of grave consequence
der *Forstreferendar* (-e): junior officer in forestry commission
das *Fortkommen* (-): livelihood; progress
die *Fortpflanzung* (-en): procreation

der *Frevel* (-): misdeed; crime
die *Frisur* (-en): hairstyle
frösteln: to shiver
sich *fügen:* to submit
führen: (here) to possess
die *Fünfgroschendirne* (-n): common prostitute

der *Galgensteg:* (proper name)
der *Galgenvogel* (∵): scallywag; good-for-nothing
der *Gassenhauer* (-): popular song; ditty
geächtet: outlawed
gebären (a, o): to bring forth; to give birth to
geben (a, e) -zum besten ∼: to relate; to tell
das *Gebot* (-e): commandment
gebührend: belonging
gedeihen (ie, ie): to flourish; to thrive
gefallen -nicht ∼: (here) not to be to one's liking
gefälscht: forged
die *Gefangenschaft* (-en): imprisonment
gefaßt: (in II.5) composed; (in III.5) auf etwas ∼ sein: to expect something (unpleasant)
geflissentlich: deliberately
geistig: spiritual
geistvoll: sophisticated
der *Geizige* (-n): stingy person
gelangen: to get somewhere
das *Geldstück* (-e): coin
gelegentlich: occasional
die *Gemütsstimmung* (-en): state of mind
gemütsvoll: cosy; snug
geneigt: inclined
genialisch: expansive
genieren: to trouble; to bother
genießen (o, o): to enjoy
die *Geschäftigkeit* (no pl.): activity; bustle
geschieden: divorced
geschmeidig: supple
geschmolzen: molten
das *Geschöpf* (-e): creature
geschraubt: (here) high
das *Gesetz* (-e): law
der *Gesichtspunkt* (-e): point of view
das *Gespenst* (-er): ghost
das *Getue* (no pl.): fuss; ado

gewaltsam: forcibly
das *Gewäsch* (no pl.): balderdash; twaddle
gewissenhaft: conscientious
gewöhnen -sich ∼ an (acc.): to get used to
das *Gitter* (-): iron bars; rails
die *Gleichung* (-en): equation
die *Gliedmaßen* (no sing.): limbs
glotzen: to stare
glücklicherweise: luckily
die *Gnade* (-n): mercy
die *Gnadenwahl* (no pl.); predestination
das *Grabmonument* (-e): tombstone
sich *grämen:* to worry
grauenhaft: horrible
grell: loud; striking
der *Griff* (-e): grip
die *Grobheit* (-en): rudeness
die *Größe* (-n): (here) factor
die *Gruft* (∵e): grave; tomb
der *Grund* (∵): reason
der *Grundsatz* (∵e): principle
der *Grundschaden* (∵): fundamental weakness
günstig: favourable
das *Gutachten* (-): expert's report
gutgeartet: endowed with natural decency

halten (ie, a) -für ... (acc.) ∼: to regard as ...
sich *halten* (ie, a): (here) to see it through
die *Handlungsweise* (-n): way of acting
der *Hang* (no pl.): inclination
die *Hängematte* (-n): hammock
der *Hanswurst* (∵e): buffoon; harlequin
der *Hasenfuß* (∵e): coward
die *Hauptwache* (-n): main gendarmerie
der *Heereszug* (∵e): (here) an army of clouds; an army on the march
der *Heerweg:* (proper name)
hegen -einen Gedanken ∼: to cherish a thought
die *Hemdpasse* (-n): shirt-yoke
der *Henker* (-): executioner
herbeilassen (ie, a) -sich zu etwas ∼: to stoop to something
der *Herr* (no pl.): (in III.2) Lord
die *Herrin* (-nen): mistress; lady
herumdrücken -sich ∼ lassen: to be

pushed about
herstapfen: to stump; to trudge
die Herzbeklemmung (-en): palpitation
der Heuboden (-): hayloft
heulen: to cry bitterly
sich hingeben (a, e): to yield
hingegen: however
hingeopfert: sacrificed
hinschweben: to hover
sich hinwegsetzen über (acc.): to make light of; to dismiss
das Hirn (-e): brain
das Hirngespinst (-e): phantom
hochwürdig: reverend
der Hofstaat (no pl.): royal or princely household
der Höllenschlund (¨e): jaws of hell
huschen: to scurry; to flit
sich hüten vor: to beware
der Hüter (-): guardian

imposant: impressive
imstande —~ sein: to be capable
irdisch: mortal
der Irrsinn (no pl.): madness

der Jammer (-): misery
jammervoll: piteously
je —~ nach Umständen; that depends on the circumstances
der Jubel (-): jubilation
der Jurist (-en): lawyer

das Kabinett (-e): small room; closet
der Kamin (-e): chimney stack
der Kamm (¨e): (here) stalk of vine [Swiss]
das Kanapee (-s): sofa; settee
der Katheder (-): (teacher's or lecturer's) desk
der Katzenjammer (-): hangover
kauern: to cower; to squat
die Kehle (-n): throat
der Kehricht (no pl.): refuse
der Kelch (-e): goblet; chalice
der Kern (-e): core; being
die Keuschheit (no pl.): chastity
die Kinderlehre (-n): Sunday-school
die Klapperschlange (-n): rattle snake
der Klecks (-e): blot; blotch

kleinmütig: despondent
der Knall (no pl.): bang
die Kniekehle (-n): hollow of the knee
der Kohlendampf (¨e): coal vapour; carbon dioxide
das Kollegienheft (-e): (student's) notebook
kolportieren: (here) to do some hack-writing
das Konferenzzimmer (-): (teachers') staff room
die Königskerze (-n): mullein
das Kultusministerium (-ien): Ministry of Culture and Education
krummschlagen (u, a): (here) to go on and on strumming (the guitar till it was '*krumm*', i.e. 'bent')
kümmerlich: scant
kurzweg: without hesitation

der Lackstiefel (-): patent leather-shoe
das Lager (-): bed(stead)
sich lagern: to lie down
lassen (ie, a) -außer acht ~: to forget; to neglect
die Last -zur ~ fallen: to be a burden
das Laub (no pl.): foliage
lauschig: idyllic; tranquil
der Lebertran (no pl.): cod-liver oil
der Lederriemen (-): leather-belt
lediglich: only
leibhaftig: truly
die Leichenhand (¨e): hand of a corpse
leichtherzig: generous
die Leichtigkeit -mit ~: easily
der Leidtragende (-n): mourner
die Lektüre (no pl.): reading
die Letter (-n): letter; character (a b c)
leugnen: to deny
die Lichtung (-en): clearing
die Litze (-n): lace; braid
das Lokal (-e): place
losdreschen (o, o): to thrash (suddenly)
die Loslösung (-en): break-away
die Lüsternheit (-en): lasciviousness
das Lustgemach (¨er): pleasure apartment; bedroom
der Lüstling (-e): libertine; lecher

mächtig -aller fünf Sinne ~ sein: to be in possession of all one's senses der *Maitrank* (no pl.): a cold drink of wine seasoned with woodruff

der *Malstock* (⸚e): maulstick (painter's arm support: thin stick surmounted by a ball of wool encased in soft leather; held in left hand to support the right hand)

das *Mark* (no pl.): core; marrow

das *Marmorkreuz* (-e): marble cross

maßgebenderseits: on the part of the authorities

die *Matte* (-n): meadow

der *Mattenklee* (no pl.): clover in a meadow

der *Medizinalrat* (⸚e): (title of) senior doctor

meinetwegen: for all I care

die *Menschenkenntnis* (-se): psychology

die *Meute* (-n): pack; gang

der *Mitlebende* (-n): fellow-man; fellow-creature

die *Mitleidenschaft* *-in* ~ *ziehen*: to affect

mitmachen: to chime in

der *Mohn* (no pl.): poppy

momentan: momentary

morsch: decayed

musterhaft: model

mutig: courageous

nachgerade: gradually; really

die *Nachkur* (-en): after-treatment

nachsichtig: lenient

nachsitzen (saß ~, e): to be kept in at school

nächstliegend: nearest (at hand)

die *Nachtschlumpe* (-n): loosely hanging ugly dress (reminding of night shirt)

nachweisen (ie, ie): to prove

das *Naturell* (-e): disposition; character

neiderfüllt: full of envy

die *Neugierde* (no pl.): curiosity

der *Niedergang* (no pl.): downfall; slippery slope

niederstampfen: to trample down

niederträchtig: wicked

das *Nilpferd* (-e): hippopotamus

die *Nonne* (-n): nun

die *Notwehr* (no pl.): self-defence

nutzbar —~ *machen*: to exploit; to take advantage of

ohnehin: anyway

die *Ohnmacht* (-en): fainting fit

die *Ohrfeige jemandem eine* ~*versetzen*: to box someone's ears

die *Opferfreudigkeit* (-en): self-sacrifice

paperlapap!: nonsense!

das *Pathos* (no pl.): bathos

pechschwarz: jet-black

der *Pedell*: janitor

die *Pellkartoffel* (-n): potato in its jacket

der *Pestkranke* (-n): a person stricken by the plague

der *Pfarrer* (-): parson

pflegen: to tend; to look after

die *Pflicht* (-n): duty

der *Pinsel* (-): brush

das *Pistol* (= die *Pistole*, -n): gun; revolver

der *Plafond* (-s): ceiling

die *Platane* (-n): plane-tree

plätschern: to murmur

die *Posaune* (-n): trombone

die *Pracht* (no pl.): splendour

prahlen: to brag

der *Prahlhans* (⸚e): braggard

preisen (ie, ie): to praise

der *Primus* (no pl.): best pupil

das *Prinzeßkleidchen* (-): princess (style) dress

das *Protokoll* (-e): register of school reports

protokollieren: to draw up the minutes

das *Pulver* (-): gun powder

das *Pustrohr* (-e): blowpipe

qualmen: to smoke (of lamp)

der *Quark* (no pl.): nonsense

das *Quartal* (-e): school-'term'

die *Ranke* (-n): tendril

rascheln: to rustle

die *Ratsversammlung* (-en): council; assembly

das *Rebstück* (-e): part of vineyard

rechtlich: upright

die *Redaktion* (-en): editorial office of newspaper

die *Redoute* (*-n*): fancy-dress ball
reell: concrete
die *Regel:* in der ∼: as a rule
reichhaltig: copious
die *Reife* (no pl.): maturity; 'A-levels'
der *Reigen* (*-*): round dance
reißaus —∼ nehmen: to take to one's
heels
das *Rektorat* (*-e*): headmaster's (or vice-
chancellor's) office
die *Relegation* (*-en*): expulsion
der *Rentier* (*-s*): person of private means
rigoros ∼ beurteilt: if the worst had
come to the worst
das *Risiko* (*-s, -ken*): risk
das *Röcheln* (no pl.): rattle; gasp
der *Rock* (*-̈e*): jacket
rosa: pink
das *Rückgrat* (*-e*): spine
rücksichtslos: ruthless; inconsiderate
sich *rühren:* to move
die *Runenburg* (*-en*): ancient castle
die *Runse* (*-n*): river bed

die *Sandtorte* (*-n*): (similar to) madeira
cake
der *Sarg* (*-̈e*): coffin
der *Saufbruder* (*-̈*): boon companion
der *Säugling* (*-e*): suckling babe
der *Säulenheilige* (*-n*): pillar saint; stylite
(medieval ascetic living on top of a
pillar)
der *Schafskopf* (*-̈e*): blockhead
der *Schandbube* (*-n*): scoundrel; villain
die *Schändlichkeit* (*-en*): infamy; base
act
schaudererregend: horrifying
die *Schaufel* (*-n*): spade
schaukeln: to swing
die *Schererei* (*-en*): trouble
schicken -sich drein ∼: to make one's
peace
die *Schläfe* (*-n*): temple
die *Schlafmütze* (*-n*): sleepyhead
der *Schlag,* (*-̈*) *-Schläge bekommen:* to get a
beating
sich *schlängeln:* to meander
schleichen (*i, i*): to slink; to sneak
schlicht: simple
der *Schlossermeister* (*-*): plumber

schlottern: to hang loosely; to flap
schluchzen: to sob
das *Schmeichelkätzchen* (*-*): flatterer
der *Schnack* (no pl.): jabber
die *Schneiderin* (*-nen*): seamstress
sich *schneuzen:* to blow one's nose
der *Schnitzer* (*-*): howler
die *Schnur* (*-̈e*) (obsolete): daughter-in-law
schnurgerade: dead-straight
die *Schöpfung* (*-en*): creation
der *Schoß* (*-̈e*): lap
die *Schreibweise* (*-n*): style
die *Schrift* (no pl.): Holy Writ; Bible
der *Schriftführer* (*-*): minute-secretary
das *Schriftstück* (*-e*): document
schuld -du bist ∼: it is your fault
die *Schürze* (*-n*): apron
das *Schützenfest* (*-e*): riflemen's meeting;
shooting match
schwärmen: to enthuse; to rave
die *Schwertlilie* (*-n*): iris
der *Schwindel* (*-*): fraud
schwindsüchtig: consumptive
schwören (*o, o*): to take an oath
der *Schwung* (*-̈e*): swing; dash
segnen: to bless
seinerzeit: at one time
der *Sekretär* (*-e*): (here) bureau; desk
die *Selbstentleibung* (*-en*): suicide
der *Selbsterhaltungstrieb* (*-e*): instinct of
self preservation
die *Selbstverachtung* (no pl.): self contempt
selig: overjoyed; in ecstasies
die *Seligkeit* (*-en*): bliss
siedendheiß: boiling hot
sinnen (*a, o*): to ponder
sittlich: moral
die *Skizze* (*-n*): sketch
sorgen für (acc.): to care; to see to it
sperrangelweit offen: wide open;
gaping
spindeldürr: lean as a rake
der *Spitzenaufschlag* (*-̈e*): lace trimming
spüren: to feel
die *Staffelei* (*-en*): easel
stakig: stiff; wooden
die *Stange* (*-n*): pole; bar
stapfen: to stump; to trudge
stehen (*a, a*) (dat.): to suit (dresses,
etc.)

steigern: to increase
der Stein: (cf. Grabstein)
die Sternschnuppe (-n): shooting star
stockfinster: pitch dark
stopfen: to constipate
stoßen (ie, o) -auf etwas ∼: to happen to find something
strampeln: to kick
streicheln: to caress
streifen -∼ um (acc.): to glide between
streiten (stritt, i): to quarrel
der Strick (-e): rope
der Striemen (-): streak
die Stromschnelle (-n): (river) rapid
strotzen: to be brimming with
der Strudel (-): whirlpool; eddy
stückweise: in tatters
stumpfsinnig: dull; apathetic
suchen: to try
die Sühne (-n): expiation
sühnen: to expiate; to atone
sündhaft: sinful

die Tafel (-n): headstone
die Taglöhnerfamilie (-n): unskilled labourer's family
die Tändelei (-en): trifling; dallying
die Tenne (-): threshing floor; barn floor
tiefgreifend: profound
tiefsinnig: pensive; profound
das Tingl-Tangl (-): music hall
toben: to rage; to storm
der Tollkopf (∺e): madcap
der Tolpatsch (-e): awkward or clumsy fellow
die Tonart (-en): (musical) key
das Totenreich (-e): realm of the dead
traben: to trot
trächtig: pregnant (of animals)
die Trauerweide (-n): weeping willow
der Trieb (-e): instinct
der Tropf (∺e): dunce
trostlos: disconsolate
der Trug (no pl.): deceit; illusion
das Trugbild (er): phantom; illusion
die Trümmer (no sing.): ruins
das Tuch (∺er): cover
die Tugend (-en): virtue
die Turnstunde (-n): physical training; 'p.t.'

der Überdruß (no pl.): satiety
der Überschwung (∺): exuberance; excess
überzeugt: convinced
die Uferweide (-n): willow tree on a river bank
der Uhu (-s): owl
umbringen (brachte ∼, a): to kill
umfangen (i, a): to embrace
umflort: veiled
umgehn (i, a) (coll. for umgehen): to be friends
unantastbar: unimpeachable
das Unausbleibliche (no pl.): the unavoidable
unbändig: unruly
die Unbedachtsamkeit (-en): act of imprudence
unbegreiflich: incomprehensible
die Unberührtheit (-en): innocence
unerforschlich: inscrutable
unfaßbar: incomprehensible
die Unflätereien (pl. of der Unflat): filth; dirt
die Unflätigkeit (-en): filth
ungeachtet: notwithstanding; irrespective of
ungeniert: without ado
ungetrübt: unclouded
die Unglücksstätte (-n): place of catastrophe
das Unkraut (∺er): weed
unlauter: impure
die Unmenge (-n): great quantity; a lot
der Unrat (no pl.): filth; rubbish
unsinnig: senseless
die Untat (-en): outrage
der Untäter (-): criminal; offender
der Untergang (no pl.): downfall; ruin
sich unterhalten (ie, a): to have a good time
die Unterhose (-n): underpants
unterirdisch: subterranean; underground
die Unterlassungssünde (-n): sin of omission
der Unterschied (-e): difference
die Unterweisung (-en): instruction
unverhofft: unexpectedly
unverrichtetersache: unsuccessfully; without having carried out one's object

unverschuldet: arising through no fault of ours
unversehens: unexpectedly
unverzüglich: without delay
unzüchtig: lewd; lascivious; obscene
unzulässig: inadmissible
üppig: opulent
der *Urteilsspruch* (⸚e): (judicial) sentence

verabscheuungswürdig: despicable
verachten: to despise
die *Veranlagung* (-en): disposition; nature
verantwortlich: responsible
verblenden -sich ~ lassen: to be blinded
verbummelt: (here) idler; loafer
die *Verdauungsstörung* (-en): attack of indigestion
das *Verfahren* (-): proceedings
sich *vergehen* (i, a): to commit an offence
vergeistert: spook-like; ghost-like
vergewaltigen: to rape
die *Vergewaltigung* (-en): rape
vergnügungshalber: for pleasure
die *Verhandlung* (-en): court case
die *Verheerung* (-en): devastation; ravages
verheiratet: married
verhüllen: to hide
verhurt: (here) whore monger
verkommen (a, o): to wither; to decay
die *Verleugnung* (-en): denial
verludert: dissipated
verlumpt: gone to the dogs
das *Vermächtnis* (-se): legacy
vermögen (*vermochte, o*): to be capable
vermummt: masked
vernieten: to rivet
verordnen: to prescribe
der *Verputz* (-e): roughcast; plaster
die *Verschämtheit* (-en): sense of (physical) shame
verschulden: to commit an offence
der *Verschuldete* (-n): the guilty one
versehen: illustrated; provided
versetzen -eine Ohrfeige ~: to box someone's ears
der *Verstoß* (⸚e): violation

versumpft: (here) grown dissolute
vertragen (u, a): to digest
vertreten (a, e): to represent
vertreten (a, e) *-den Weg ~:* to block someone's way
die *Verwesung* (-en): putrefaction; decomposition
verworfen: depraved; vile
der *Volant* (-s): flounce
die *Vogelscheuche* (-n): scarecrow
die *Volksversammlung* (-en): mass meeting
die *Vorbedeutung* (-en): omen; portent
vorderhand: for the time being
vorenthalten (ie ~, a): to withhold; to keep back
das *Vorgehen* (-): action; proceeding
der *Vorsatz* (⸚e): intention
der *Vorschlag* (⸚e): suggestion
vorsprechen (a, o): to call in; to drop in
vorwitzig: pert; forward
der *Vorwurf* (⸚e): reproach

die *Wahl* (-en): choice
der *Wahnsinn* (no pl.): madness
wahren: to preserve; to protest
wahrlich: (here) verily
der *Waldmeister* (no pl.): woodruff
wallen: to wander; to march
wanken: to totter; to stagger
die *Wassersucht* (no pl.): dropsy
wegstutzen: to cut off
die *Wehmut* (no pl.): melancholy
die *Weinlese* (-n): grape gathering
weisen -von sich ~: to reject
welken: to wither
das *Weltall* (no pl.): universe
das *Wesen* (-): essence
wetten: to bet
wettern: to swear; to rage
widerlich: repugnant; repulsive
wiegen: to rock
die *Wimper* (-n): eye lash
die *Windbeutelei* (-en): swaggering
wittern: to suspect
die *Wölbung* (-en): curvature
wortgetreu: literal

zaudern: to hesitate
zechen: to guzzle; to banquet

zehren: to make thin
zeitig: soon; in the near future
zeitlebens: all one's life
zerbröckeln: to crumble
die *Zerrüttung* (*-en*): break-down
sich *zerstreuen:* to amuse oneself
das *Zeugnis* (*-se*): school report
ziehen -den Kopf aus der Schlinge ∼: to disentangle oneself from a trap
zitieren: to quote
der *Zoll* (no pl.): inch
der *Zopf* (*⸚e*): pigtail
züchtigen: to castigate
zucken: to jerk; to stir
zufällig: accidental
die *Zufriedenheit* (no pl.): contentment

der *Zug -Zug für* ∼: in rapid strokes
die *Zunge* (*-n*): tongue
zurückschnellen: to snap back
zusammenstöpseln -sich etwas ∼: to piece something together; to concoct
sich *zuschnüren:* to get choked
der *Zustand* (*⸚e*): condition
zuträglich: conducive; beneficial
zuversichtlich: confidently; optimistically
zuvor: before
der *Zwang* (no pl.): force: compulsion
das *Zwinkern* (no pl.): (here) batting an eyelid
zwitschern: to twitter

Acknowledgements

I wish to thank the following for their assistance: Frau Kadidja Wedekind-Biel, Munich, for reading the main part of the manuscript and expressing her general approval; Miss Elisabeth Bergner for relating to me her connections with Wedekind and the theatre of his time; Frau Inge Niemöller, Librarian of the 'Goethe-Institut', London, and her staff for obtaining material from Germany; Herr Hans Haudenschild, 'Sekretär' of the 'Staatsarchiv' Aarau, Switzerland, for placing some generally unknown material at my disposal; Dr Trevor Jones, formerly Reader in German, Fellow of Jesus College, University of Cambridge, for elucidation of some obscure German terms; Mr A. S. Latham, Theatre Museum (Victoria and Albert Museum) for drawing my attention to an early production of *Spring's Awakening* in London; Herr Richard Lemp, Director of the Manuscript Department, 'Städtische Bibliotheken', Munich; Mr J. Mitchenson, the theatre historian, for his searches in connection with a dubious, even earlier production of the play in England; Mr Michael Rank, University of Peking, for drawing my attention to a translation into Chinese; Herr Dr Günter Seehaus, the Wedekind expert, Cologne, and my colleague Mr Christopher Wheeler, Charterhouse, for their advice on some points of detail; above all, however, to Mr Leslie Russon for his detailed criticism and painstaking advice.

H.E.R.

Old Lapscombe
March 1976